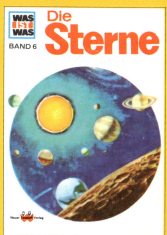

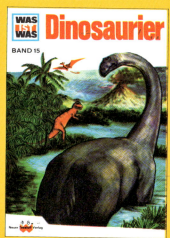

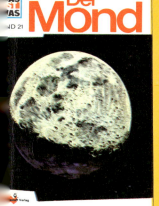
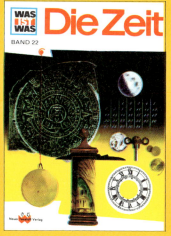
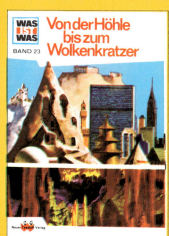

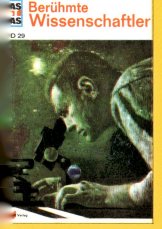
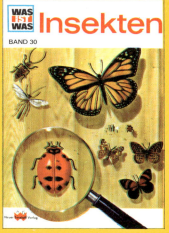

Ein WAS IST WAS Buch

POLARGEBIETE

von Irvin Robbin

Jllustriert von
Shannon Stirnweis

Deutsche Ausgabe
von Otto Ehlert

Wissenschaftliche
Überwachung durch
Dr. Paul E. Blackwood
vom U. S. Gesundheits-
und Erziehungsministerium
Washington, D. C.

Vorwort

Schon immer hat es Forscher und Wissenschaftler gegeben, die von den Polargebieten fasziniert waren. Seit Jahrhunderten haben sie die Gewässer und Länder bereist — um die Geheimnisse des Unbekannten zu enthüllen, um eine nördliche Durchfahrt durch die großen Kontinente zu suchen und schließlich aus dem Ehrgeiz, die Pole zu erreichen. Dies **WAS IST WAS-Buch von den Polargebieten** stellt dar, welchen reichen Wissensschatz über die Arktis und Antarktis diese Männer unter unvorstellbaren Mühen und Gefahren zusammengetragen haben.
Der Leser erfährt, aus welchen Ursachen die Polargebiete so außerordentlich kalt sind und wie Tiere und Pflanzen unter solchen unwirtlichen Bedingungen leben können. Das Leben der Eskimos wird geschildert, das die erstaunliche Fähigkeit des Menschen beweist, sich seiner Umwelt anzupassen. Und die Erzählungen von den tapferen Männern, welche die eisigen Regionen erforschten, offenbaren auf eindrucksvolle Weise, zu welchen heroischen Leistungen der Mensch imstande ist. In unserer heutigen Zeit werden die Wissenschaftler und Forscher aus vielen neuen Gründen veranlaßt, mehr über die Polarzonen herauszufinden. Die Wettervorhersage z. B., die heute nicht nur für die Landwirtschaft, sondern für die moderne Luft- und Raumfahrt und für den gesamten Verkehr wichtig ist, setzt viele Informationen über die Eiskappen der Erde voraus. Denken wir nur an die neuen Flugrouten über die Pole! Der steigende Bedarf an Nahrung und Mineralien, von der wachsenden Bevölkerungszahl der Erde verursacht, führt dazu, daß viele Nationen ihre Wissenschaftler in die Polargebiete entsenden, um die Möglichkeit zu erforschen, die dort im Meer und im Boden vorhandenen Schätze nutzbar zu machen.
Dies **WAS IST WAS-Buch** gibt einen Überblick über das bereits gewonnene Wissen von den Polargebieten und wird dem Leser helfen, auch künftige Ergebnisse der modernen Polarforschung besser zu verstehen.

© *Copyright 1966, by Wonder Books, Inc. All rights reserved under International and Pan-American Copyright Conventions. Alle deutschen Rechte bei NEUER TESSLOFF VERLAG, HAMBURG*

ISBN 3 7886 0276 7

Inhalt

WO DIE ERDE ZU ENDE IST	4
Wo liegen die Grenzen der Polargebiete?	6
Warum sind die Polargebiete so kalt?	7
Sind die Polargebiete immer so kalt gewesen?	8
Wie beeinflussen die Polargebiete unser Wetter?	9
Warum ist die Antarktis kälter als die Arktis?	10
Antarktika, der sechste Erdteil	10
Gibt es Bodenschätze in der Antarktis?	11
Das nördliche Polargebiet	14
Eisberge im Norden und Süden	14
Was sind die magnetischen Pole?	16
Wie entsteht das Polarlicht?	16

DAS LEBEN IN DER NÄHE DER POLE	17
Welche Pflanzen wachsen in den Polargebieten?	18
Gibt es in den Polargebieten auch Insekten?	19
Das Leben im Eismeer	19
Was ist ein Meeressäugetier?	20
Welche Vögel leben in den Polargebieten?	21
Welcher Vogel schwimmt wie ein Fisch?	22
Wie halten warmblütige Landtiere die Polarkälte aus?	22
Welches Tier wird „König des Nordens" genannt?	23
Welches ist das schnellste Tier des Nordens?	24
Hat ein Eisbär schon einmal einen Pinguin gefangen?	24

DIE ERSTEN BEWOHNER DER ARKTIS	25
Woher kamen die Eskimos?	25
Was unterscheidet die Eskimos von anderen Menschen?	26
Wie wird ein Iglu gebaut?	26

Wie sieht ein Iglu von innen aus?	27
Die Wasserfahrzeuge der Eskimos	27
Wie jagen die Eskimos?	28
Wie werden die erlegten Tiere verwendet?	30
Welches Tier ist dem Eskimo unentbehrlich?	31
Leben noch andere Menschen im nördlichen Polargebiet?	32
Wie leben die meisten Eskimos heute?	32

MÄNNER, DIE ZU DEN POLEN GELANGTEN	32
GEN NORDEN	34
Wer hat als erster im eisigen Norden geforscht?	34
Wie weit sind die Wikinger gekommen?	35
Warum wuchs plötzlich das Interesse für die Polarforschung?	35
Der erste Versuch, eine nördliche Durchfahrt zu finden	35
Ein Holländer sucht nach der Nordpassage	36
Der Beitrag der Russen	36
Wurde die nördliche Durchfahrt gefunden?	38
Fridtjof Nansens Driftfahrt	39
Wer erreichte als erster den Nordpol?	40
GEN SÜDEN	42
Wer entdeckte Antarktika?	42
Die Erforschung Antarktikas	42
Die ersten Vorstöße zum Südpol	43
Der tragische Wettlauf zum Südpol	45

POLARFORSCHUNG HEUTE UND MORGEN	46
Admiral Byrds Beitrag zur Polarforschung	47
Was ist das Internationale Geophysikalische Jahr?	47
Was wird heute in den Polargebieten erforscht?	48

Wo die Erde zu Ende ist

Die Träume der Menschheit richten sich heute auf die Erforschung der anderen Planeten unserer Sonne. Und ganz leise erwacht auch schon der Traum von künftigen Flügen nach fernen Sonnensystemen. Ob in ferner Zukunft, vielleicht in Jahrhunderten, einmal ein irdischer Forscher den Planeten einer der fernen Sonnen betritt — einer Sonne, deren Existenz nur durch mächtige

Das nördliche Polargebiet:

Der Arktische Polarkreis, 66½ Grad nördlicher Breite, durchquert weite Strecken des Landes. Ein Teil von Alaska und Kanada, fast ganz Grönland, ein Teil Skandinaviens und Sibiriens liegen innerhalb des arktischen Gebietes, ebenso eine Anzahl kleinerer Inseln.

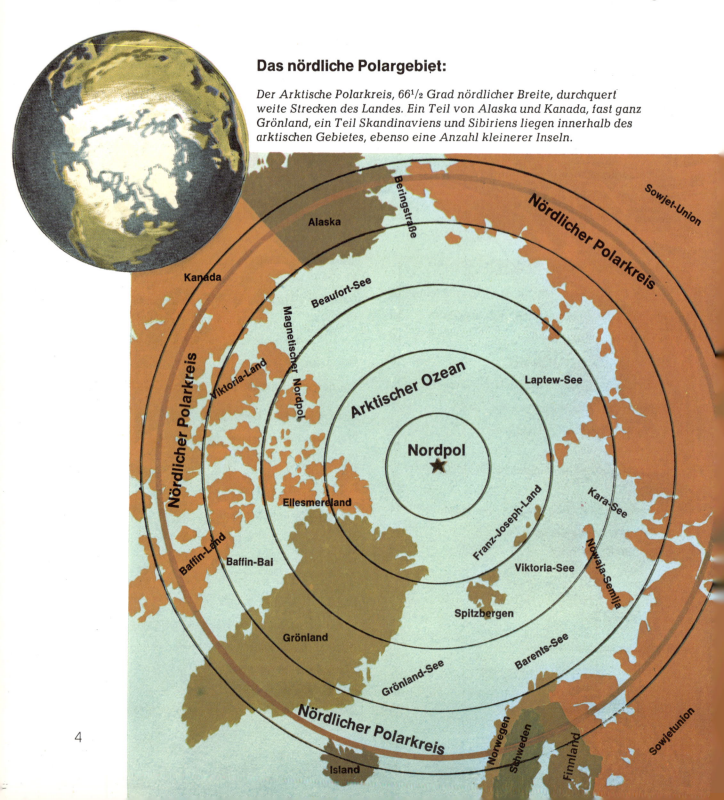

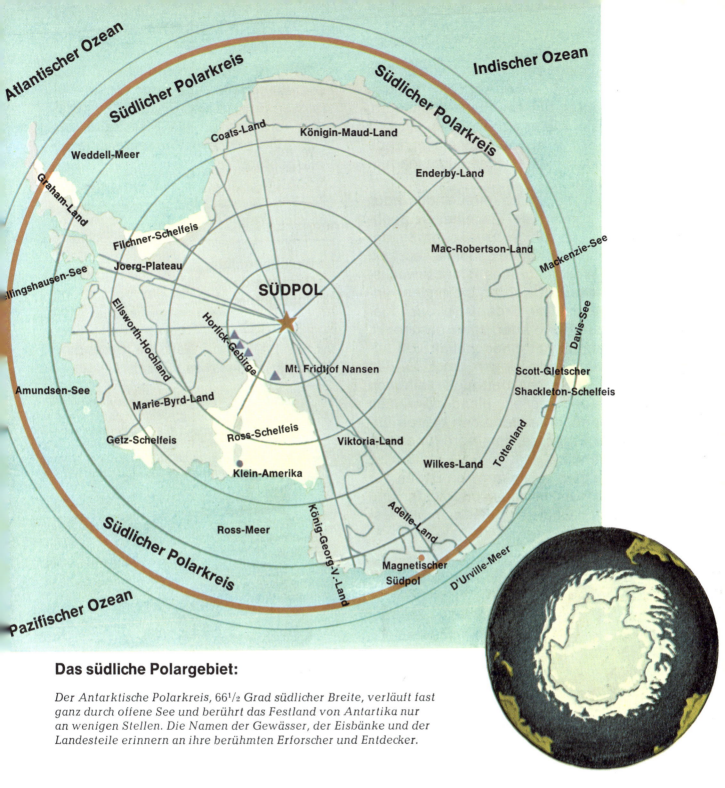

Das südliche Polargebiet:

Der Antarktische Polarkreis, 66½ Grad südlicher Breite, verläuft fast ganz durch offene See und berührt das Festland von Antartika nur an wenigen Stellen. Die Namen der Gewässer, der Eisbänke und der Landesteile erinnern an ihre berühmten Erforscher und Entdecker.

Fernrohre als schwacher Schein wahrzunehmen ist? Wer weiß. Vielleicht ist einer dieser fernen Planeten die Heimat intelligenter Lebewesen.

Stellen wir uns einmal vor: Sie hegen den gleichen Traum wie wir, und ihre Forscher wählen sich unser Sonnensystem, um einen Erkundungsbesuch zu machen. Auf ihrem Flug durch die unvorstellbaren Weiten des Weltraums kommen sie vielleicht an dem einsamen Pluto vorbei, an dem eisigen Neptun, an dem stillen Uranus, an den Riesenplaneten Jupiter und Saturn; und nachdem sie den unfruchtbaren Mars passiert haben, erblicken sie schließlich einen blau-grünen Planeten, der langsam auf einer bestimmten Bahn um die Sonne kreist. Wenn sich die fremden Raumfahrer diesem Planeten nähern, sehen sie, wie er sich langsam um sich selbst dreht, als ob von einem Ende zum anderen eine Achse durch ihn hindurchginge.

Kommen die Weltraumreisenden noch näher, können sie Einzelheiten beobachten — gewaltige Ozeane, große, unregelmäßig geformte Landmassen, treibende Wolken, grünes Pflanzenwachstum. Sicherlich werden sie finden: unsere Heimat, die Erde, ist ein schöner Planet, reich von der Natur beschenkt, ausgestattet mit einer Vielfalt von klimatischen Bedingungen. Doch werden unsere Besucher betroffen sein von den beiden großen, blendend-weißen Eiskappen, die sich an den beiden Enden der Erdachse, dem Nord- und Südpol, befinden.

Für uns sind es die fernsten Enden der Erde, ihre letzten kaum erforschten und kartierten Gebiete (außer dem Meeresboden); es sind die unwirtlichsten Teile unseres Planeten, sturmdurchtoste Wüsten von Schnee und Eis, mit Temperaturen, die uns an die Eiseskälte des Weltraums erinnern. Wir nennen sie die Polargebiete.

Wo liegen die Grenzen der Polargebiete?

Die Geografen haben die Erde in Längen- und Breitengrade eingeteilt, die natürlich nur in der Vorstellung — und auf den Land- und Seekarten bestehen. Weil die Erde eine Kugel ist, bilden diese Linien Kreise.

Die Erdachse ist um 23½ Grad geneigt; dadurch wird der Einfallswinkel des Sonnenlichts während des Winters in den Polargebieten noch flacher — einer der Gründe für die außerordentliche Kälte.

Umlaufbahn der Erde

Die Sonnenstrahlen am 21. Juni

Nahe am Äquator strahlt die Sonne mit mächtiger Glut senkrecht auf die Erde. Zu den Polen hin wird ihr Einfallswinkel immer flacher. Außerdem müssen die Strahlen tiefere Luftschichten durchdringen. Das ist einer der Gründe für die Temperaturunterschiede zwischen den Tropen und den Polargebieten. Der andere Grund liegt in der Neigung der Erdachse. Die Zeichnung (links) zeigt für die nördliche Halbkugel Sommer an: der Nordpol ist der Sonne zugeneigt. Dort geht Ende Juni die Sonne gar nicht unter, während sie am Südpol gar nicht aufgeht. Im Dezember ist es dann umgekehrt.

Die Polargebiete sind geografisch begrenzt durch den nördlichen (oder arktischen) und den südlichen (oder antarktischen) Polarkreis. Diese gedachten Breitenkreise liegen 66,5 Grad vom Äquator, der in der Mitte zwischen den beiden Polen rund um die Erde geht. Sie trennen die Polarzonen von den gemäßigten Zonen.

Der südliche Polarkreis verläuft fast ganz durch offene See; er berührt das antarktische Festland nur an wenigen Punkten. Der nördliche Polarkreis verläuft durch sehr viel Festland: durch Alaska, durch das nördliche Kanada, durch den Süden Grönlands, streift Norwegen, Schweden und Finnland und läuft durch weite Strecken Rußlands und Sibiriens. Innerhalb des Kreises gibt es verschiedene Inselgruppen im Arktischen Ozean.

Warum sind die Polargebiete so kalt?

Die Erde ist von einer Luftschicht — der Atmosphäre — umgeben. Die Sonnenstrahlen müssen diese Schicht passieren, bevor sie die Erdoberfläche erwärmen können. Nahe am Äquator strahlt die Sonne mit mächtiger Glut fast senkrecht auf die Erde. Aber zu den Polen hin treffen die lebenspendenden Strahlen die Erdoberfläche nur im flachen Winkel; deshalb müssen sie auch tiefere Luftschichten durchdringen. Dadurch wird ihre Kraft sehr geschwächt. Dies ist einer der beiden Gründe für das kalte Klima der Polargebiete.

Wenn unsere Besucher aus dem Weltraum gute Beobachter sind, werden sie bemerken, daß die Achse, um die die Erde sich dreht, nicht genau senkrecht zur Ebene ihrer Umlaufbahn steht, sondern geneigt ist, und zwar in einem Winkel von etwa 23$^{1}/_{2}$ Grad. Diese Neigung der Erdachse ist der zweite Grund für die starke Kälte der Polargebiete. Sie bewirkt, daß während der Wintermonate die Sonnenstrahlen einen der beiden Pole überhaupt nicht erreichen. Wenn bei uns Winter herrscht, geht in den pol-nahen Gebieten des Nordens die Sonne nicht auf; dann ist jedoch der Südpol der Sonne etwas zugeneigt und erlebt seinen „Sommer". Ein halbes Jahr später ist es dann umgekehrt. Die Neigung der

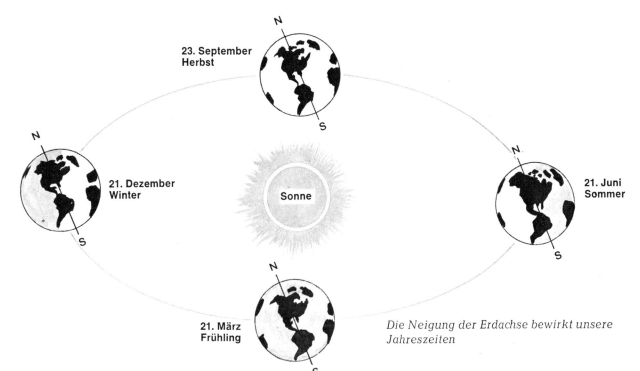

Die Neigung der Erdachse bewirkt unsere Jahreszeiten

Wetterstationen in den Polargebieten helfen den Meteorologen, langfristige Wettervorhersagen zu machen.

Erdachse bewirkt unsere Jahreszeiten. Interessant ist, daß die Entfernung zur Sonne die Temperatur kaum beeinflußt. Wenn auf der nördlichen Halbkugel Winter ist, hat sich die Erde auf ihrer ellipsenförmigen Umlaufbahn der Sonne am meisten genähert; da die nördliche Hälfte sich aber von ihr fort neigt, scheint die Sonne dort während kürzerer Zeit und mit weniger Kraft.

Sind die Pole immer so kalt gewesen?

Als die Erde noch jünger war, gab es eine Zeit, in der ihre Achse anders gerichtet war als heute. Drei Meter dicke Kohlenlager, die in der Antarktis gefunden wurden, offenbaren uns, daß dieser Kontinent im äußersten Süden einmal ein fruchtbares Land gewesen sein muß. Doch als die Erde ihren Neigungswinkel zur Sonne veränderte, zog grimmige Kälte ein und bedeckte den Kontinent mit einem Panzer von Eis. Ob das immer so bleiben wird, ist schwer zu sagen. Die Neigung der Erdachse ist nicht konstant; ihre Veränderung ist aber nur so geringfügig, daß sie im Laufe eines Menschenlebens nicht zu messen ist. Immerhin halten es die Wissenschaftler für nicht ausgeschlossen, daß in ferner Zukunft das Gebiet der Antarktis wieder eine gemäßigte Zone werden könnte. Das hätte natürlich auch für andere Erdteile gewaltige Veränderungen zur Folge — einige würden wärmer, andere kälter werden.

Es gibt auch eine neuere Theorie, die annimmt, daß die Kontinente der Erde nicht immer am gleichen Platz bleiben, sondern sich sehr, sehr langsam über die Erdoberfläche bewegen. Wenn man annimmt, daß die feste Kruste der Erde auf einer sehr zähflüssigen Schicht schwimmt, ist es durchaus vorstellbar, daß diese Kruste oder Teile der Kruste sich verschieben können. Nach dieser Theorie kann man die klimatischen

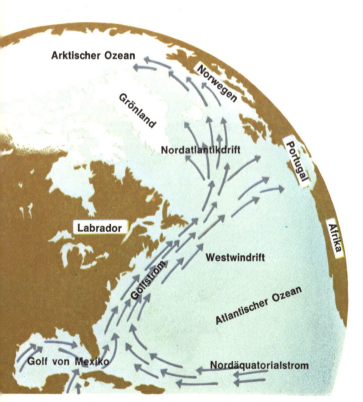

Das Klima der Arktis ist nicht ganz so kalt wie das der Antarktis, weil es durch den Golfstrom gemildert wird, der aus dem Golf von Mexiko warmes Wasser in den Arktischen Ozean führt. Zugleich beeinflußt dies die Luftströmungen und unser Wetter.

Veränderungen der Antarktis auch so erklären, daß dies Land einmal in einer gemäßigten Zone gelegen hat, bevor es langsam in die Region des Eises getrieben ist.

Wie beeinflussen die Polargebiete unser Wetter?

Auf der Erde wird das Wetter stark vom Polarklima beeinflußt. Wir müssen noch einmal an die Neigung der Erdachse denken, um zu verstehen, warum die Polargebiete unser Wetter weitgehend bestimmen. Der Winter dauert in den Polargebieten länger als ein halbes Jahr. Im tiefsten Winter — im Norden sind es die Monate Dezember, Januar, Februar, im Süden die Monate Juni, Juli, August — herrscht dort die Polarnacht. Dafür geht dann in den Mittsommernächten die Sonne dort überhaupt nicht unter; befände man sich nahe am Pol, so sähe man den Sonnenball einige Tage und Nächte lang in fast gleicher Höhe über dem Horizont schweben. Doch während des langen, schrecklichen Winters gelangt nur wenig Sonnenwärme zu den schneebedeckten Einöden, und diese geringe Wärme wird reflektiert und in

Zu den vielen täglichen Pflichten der Wettermänner in den Polargebieten gehört es, Wetterballone in die kalte Polarluft aufsteigen zu lassen.

den Weltraum ausgestrahlt. Die Feuchtigkeit in der Luft kristallisiert zu Eisflocken, grimmige Stürme heulen, und alles Lebende verkriecht sich. Die Kälte ist fast unglaublich. Aus der Arktis wurden Kältetemperaturen von −67° C gemeldet. Den Rekord hält jedoch die Antarktis; russische Wissenschaftler haben dort eine Temperatur von 88° C unter Null gemessen!

Wenn die Luft sehr kalt ist, wird sie dichter und schwerer und fängt an, von den Polargebieten fortzufließen. Diese Flutwellen von Kaltluft strömen in die benachbarten Länder; sie bringen ihnen den eisigen Atem des Winters. Das sind die sogenannten „Kaltluftfronten". Unweigerlich werden die warmen Luftmassen von ihnen verdrängt. Stürme brechen aus, wenn die Kaltluftfront auf warme Luftschichten trifft. Die Feuchtigkeit in der warmen Luft gefriert zu Schnee. Während des Sommers kann die warme Luft aus den Tropen fortströmen, weil die Pole dann keine Kaltluftfronten errichten. Darum beherrschen also die Luftverhältnisse an den Polen unser Wetter.

Unsere Wettermänner, die Meteorologen, können aus den Temperaturen und Bewegungen der polaren Luftmassen weitreichende Wettervorhersagen machen. Aus diesem Grunde sind polare Wetterstationen wichtig. Im Dienste der Wissenschaft halten die Männer auch im grimmigsten Winter in diesen Wetterstationen aus — dort, wo unser Wetter gebraut wird.

Aber auch die Polargebiete erleben ihren Sommer. In der Arktis können die Temperaturen bis auf 18 bis 20 Grad über Null ansteigen. Viel Eis und Schnee schmilzt. Große Flächen des Landes beginnen zu grünen, und die Eisdecke des Meeres weicht weit nach Norden zurück. In der Antarktis steigt jedoch die Temperatur niemals über den Gefrierpunkt, auch nicht im Sommer; ein strahlender Sonnentag kann vielleicht ein wenig Schnee schmelzen, so daß ein paar nackte Felsen dunkel in die weiße Landschaft ragen — mehr erreicht die Sonne nicht.

Geografisch unterscheiden sich die

| Warum ist die Antarktis kälter als die Arktis? |

beiden Polargebiete. Die Antarktis besteht fast nur aus Festland; es ist so groß wie Europa und die USA zusammen. Die Arktis hingegen besteht zum größten Teil aus gefrorenen Wassermassen; der Nordpol liegt inmitten des Arktischen Ozeans. Diese Verschiedenheit verursacht auch die Temperaturunterschiede. Das Festland kann die Wärme nicht so gut festhalten wie das Wasser. Darum ist die Antarktis viel kälter als die Arktis. Der Arktische Ozean speichert die sommerliche Wärme für längere Zeit. Im südlichen Polargebiet bleibt der Schnee auch während des Sommers liegen; seine blendende Weiße reflektiert die Sonnenstrahlen und strahlt die Wärme in den Weltraum hinaus.

Der Südpol liegt fast genau in der Mitte

| Antarktika, der sechste Erdteil |

eines riesigen Kontinents, der Antarktika genannt wird. Zur Hälfte bildet die Form dieses sechsten Erdteils fast einen Halbkreis; auf der anderen Hälfte zeigt die Küste große Buchten und Einschnitte. Drei der größten Weltmeere — der Atlantik, der Pazifik und der Indische Ozean — grenzen an Antarktika und umschließen als Antarktischer Ozean das Land. Einzelne Seengebiete an der Küste des Kontinents sind nach Forschern benannt, die an diesem Ende der Erde ihr Leben gewagt haben. Die Namen von Amundsen, Bellingshausen, Ross und Weddel sind in der Benennung der Gewässer verewigt, die an die Eisbarrieren der Antarktis branden. Auch im Innern sind viele Stellen nach berühmten Männern benannt; Berge, Hochebenen und Eisflächen tragen die Namen ihrer Entdecker oder derjenigen, die Expeditionen ausgerüstet haben. In keinem anderen Land der Erde ehren so viele geografische Bezeichnungen die Namen derjenigen, die als

So würde der Antarktische Kontinent aussehen, wenn seine Eisschichten verschwunden wären. Neuere Messungen mit Spezialinstrumenten haben gezeigt, daß vieles von dem, was man für „Land" gehalten hat, in Wirklichkeit „festes Eis" ist. Graham-Land (auch Palmer-Halbinsel genannt) ist im Grunde eine Inselkette.

erste dorthin gelangten. Das liegt wohl daran, daß es in der ganzen Menschheitsgeschichte nichts gegeben hat, was schwerer zu erforschen war als die Antarktis.

Gibt es Bodenschätze in der Antarktis?

Man weiß, daß sich unter dem Eis der Antarktis festes Land befindet. Vielfach wird angenommen, daß reiche mineralische und andere Bodenschätze dort zu finden sein müssen. Aber bevor diese Schätze gehoben werden können, müßte ein Weg gefunden werden, um der Witterung zu trotzen. Während des Sommers wird die antarktische Küste von warmer, feuchter Luft aus den warmen Zonen erreicht; aber sie kühlt sofort ab, und ihre Feuchtigkeit kristallisiert und verursacht Schneestürme, die die Stärke von Hurrikanen erreichen. Jahr für Jahr wird das Land mit tieferen Schichten von Eis und Schnee bedeckt. Sie zerstören die Gebirge, begraben die Forschungsstationen und verändern von Tag zu Tag das Aussehen des Landes. Man nimmt an, daß das Gewicht der Eisschicht das Land so zusammengedrückt hat, daß der größte Teil des eigentlichen Landes schon unter dem

Größenvergleich von Antartika mit den Vereinigten Staaten von Amerika

Meeresspiegel liegt. Außerdem schätzt man, daß Antarktika allein etwa 90 % der gesamten Eis- und Schneemenge der Erde trägt. Es ist nur gut, daß dies gewaltige Gewicht einigermaßen gleichmäßig um den Pol zentriert ist, sonst könnte es die Rotation unseres Planeten beeinflussen und bewirken, daß er wackelt wie ein Kreisel, der an einer Seite schwerer ist.

Im Internationalen Geophysikalischen Jahr 1963 wurden einige Zahlen genannt, die auf Untersuchungen russischer und amerikanischer Wissenschaftler beruhen: Die 4 500 000 Quadratmeilen große Fläche Antarktikas wird jährlich mit durchschnittlich 45 cm Neuschnee bedeckt; die mittlere Jahrestemperatur beträgt −50° C; das Eis um den Südpol hat eine Tiefe von 3000 m; der Kontinent ist bedeckt mit 22 Billiarden (22 000 000 000 000 000) Tonnen Eis.

See-Elefant und Pinguine auf einer Insel der Antarktis

Kaiserpinguin und Junges

Schnee-Eule der Arktis

Ein Polarwolf greift Moschusochsen an

Arktischer Mohn

Rentiere grasen auf den Tundren der Arktis

Blaue Seeglockenblume an den Küsten des Arktischen Ozeans

Rentierflechte, die Hauptnahrung der Rentiere

Spinnensteinbrech, eine andere Tundrapflanze

Das nördliche Polargebiet

Der Nordpol liegt — wie schon gesagt — nicht auf Festland; das arktische Gebiet besteht zum größten Teil aus Meer, enthält nur wenig Land und einige Inseln. Expeditionen zum Nordpol stehen immer vor der Schwierigkeit, daß das Eis sich bewegt. Die dicke Eisdecke, die auf dem Meer schwimmt, bekommt oft Risse und Sprünge; Schollen lösen sich ab, oft direkt unter den Zelten der Forscher. Manche Expedition erlebte, daß ihre Teilnehmer voneinander getrennt wurden, weil eine Eisscholle abbrach und mit einem Teil ihrer Zelte, mit Hunden und Menschen in den kalten Arktischen Ozean trieb.

Während des Sommers schrumpft die Eisschicht, und große Teile des nördlichen Polargebietes werden von der strengen Herrschaft des Winters be-

Spitztürmiger arktischer Eisberg

freit. Unfruchtbares Sumpfland erscheint, und vom höhergelegenen Land strömen tausend Rinnsale ins Meer. Pflanzen strengen sich an, während der warmen Monate so rasch zu wachsen wie sie nur können. Der Sommer ist kurz. Bald kehrt der Winter zurück und überzieht das Land wieder mit Schneestürmen und mit bitterer Kälte, die selbst das salzige Wasser des Ozeans gefrieren läßt.

Eisberge im Norden und Süden

Der Eisberg ist eine der schlimmsten Bedrohungen für die Schiffe, die ihre Fracht bis in den fernen Norden oder Süden bringen müssen. Einige Eisberge sind so groß, daß sie bis zu hundert Meter in die Luft ragen und viele Kilometer lang sind. Einmal wurde ein Eisberg vermessen, der 150 km lang war! Die eigentliche Gefahr liegt aber unter der Wasseroberfläche; denn der Teil eines Eisbergs, der aus dem Wasser ragt, beträgt immer nur etwa ein Siebentel seiner Gesamthöhe. Einige haben scharfkantige Vorsprünge, die sich dicht unter der Wasseroberfläche befinden können. Wenn ein Schiff nahe an einem Eisberg vorübergleitet, können diese scharfen Kanten den eisernen Schiffsrumpf aufreißen, als sei er ein Pappkarton.

Es gibt drei Hauptformen von schwim-

14

menden Eisgebilden — den arktischen Eisberg, den antarktischen Eisberg und Packeis. Im nördlichen Polargebiet gibt es Festland, das Gebirge und Gletscher enthält. Ein Gletscher ist ein Eisfluß, der dadurch entsteht, daß Jahr für Jahr Schnee auf die Berge fällt, der schließlich durch sein eigenes Gewicht zu Eis zusammengedrückt wird. Seine eigene Schwere bringt diesen Eisfluß ins Rutschen; träge gleitet er bergab ins Meer. Die Gletscher sind manchmal mehrere hundert Meter dick; an der Mündung des Gletscherflusses brechen dann mächtige Brocken ab und stürzen donnernd ins Meer. Man sagt dann: „Der Gletscher kalbt". Diese nördlichen Eisberge sind schroff und unregelmäßig geformt; Wind und Sonne haben ihnen oft eine interessante Gestalt gegeben.

In der Antarktis sehen die Eisberge ganz anders aus. Sie machen die Gewässer um den Kontinent so gefährlich, daß Admiral Byrd sie „Teufelsfriedhof" genannt hat. Die mächtigen Eismassen, die das Land bedecken und denen jeder Winter neue Schichten hinzufügt, schieben sich langsam vom Innern des Kontinents zum Meer hin. Wenn sie die Küste erreicht haben, brechen sie jedoch nicht gleich. Sie schieben sich oft kilometerweit über das Land in die See hinaus. Einige dieser Eisbänke gehören zu den Dauererscheinungen der Antarktis; sie bestehen vielleicht schon seit Jahrtausenden.

Das Ross-Schelfeis, bekannt als das Ausgangslager vieler Expeditionen, ist eine von ihnen. Es erstreckt sich über eine Länge von 800 km! Dazu hat es eine Dicke von 200 bis 300 m! Man könnte sagen, es ist der größte Eisblock der Welt. Auf der seewärts gelegenen Seite dieser Eisbank brechen fortwährend riesige Blöcke ab und treiben hinaus auf den Ozean.

Überall an den Küsten von Antarktika „kalben" solche Eisbänke und schicken

Typischer antarktischer Eisberg

Eisberge ins Meer. Sie gleichen jedoch wenig den Eisbergen des nördlichen Polargebietes. Dort blinken sie häufig als hochaufragende Säulen und Türme in der Sonne. Die Eisberge der Antarktis sind abgeflachte, ebene Blöcke, die mächtigen Flößen gleichen.

Die dritte Gefahr, die den Seeleuten droht, ist das Packeis. Es ist das gefrorene Salzwasser der Ozeane. In beiden Polarzonen werden diese Eisschollen

Eine Gefahr der Arktis: Die Eisscholle ist gerissen, und ein Teil des Expeditionslagers wird abgetrieben.

so dick, daß sie schwere Lasten tragen können. Wenn der Frühling kommt und die Sonne das Wasser erwärmt, wird das Packeis weich. Große Risse entstehen; die Schollen schmelzen mehr und mehr zusammen und reiben sich knirschend aneinander. Ist das Meer unruhig, schlagen sie so heftig zusammen, daß ihre Stücke hoch in die Luft fliegen.

In der Arktis ist das Aufbrechen des Packeises das sichere Anzeichen des Frühlings und wärmeren Wetters. Wochenlang ist die Luft erfüllt vom Brüllen und Poltern des Eises. Geräusche werden in so kaltem Klima sehr weit getragen – das Bellen eines Hundes kann man noch in 15 km Entfernung hören! Für Auge und Ohr ist das Aufbrechen der Eisdecke im Frühling eine der dramatischsten Naturerscheinungen.

Hat sich das Packeis aus dem Griff des Winters befreit, dann treibt es fort in die Meere. Da es dünner ist als die Eisberge, schmilzt es schneller, aber für die Schiffe ist es ebenso gefährlich.

Die Erde ist ein Riesenmagnet. Sie besitzt rundherum ein magnetisches Feld, als sei ein mächtiger Stabmagnet in ihrer Mitte eingebettet.

Was sind die magnetischen Pole?

Natürlich gibt es keinen wirklichen Stabmagneten in der Erde. Die Wissenschaftler nehmen an, daß die Hauptquelle des Erdmagnetismus sich im Erdkern befindet. Dieser Kern besteht wahrscheinlich aus einer Mischung von Eisen und Nickel. Er steht unter ungeheurem Druck und ist sehr heiß. Der innere Kern, dessen Durchmesser man auf etwa 2900 km schätzt, ist wahrscheinlich fest. Der „äußere Kern" oder die den inneren Kern umgebende Schicht hat eine teigige Konsistenz (= Beschaffenheit). Das Magnetfeld der Erde wird hauptsächlich – so nimmt man an – durch langsame Bewegungen des inneren Kerns im äußeren und Bewegungen im äußeren Kern selbst hervorgerufen. Genau wie beim Stabmagneten, ist auch der Erdmagnetismus an den magnetischen Polen am stärksten. Die magnetischen Pole befinden sich nicht genau an der gleichen Stelle wie die geografischen Pole, sondern etwa 1900 km davon entfernt. Sie lenken unsere Kompaßnadeln, und sie sind auch die Ursache für eine andere Naturerscheinung – das Polarlicht.

Im Frühling und Herbst kann man in beiden Polargebieten eine der schönsten Naturerscheinungen beobachten, die die Menschheit kennt.

Wie entsteht das Polarlicht?

Es ist das Nordlicht in der Arktis und das Südlicht in der Antarktis. Schimmernde Bögen in strahlenden Farben leuchten am abendlichen Himmel. Das

Die magnetischen Pole liegen etwa 1900 km von den geografischen Polen entfernt; man nimmt an, daß die Pole früher einmal übereinstimmten.

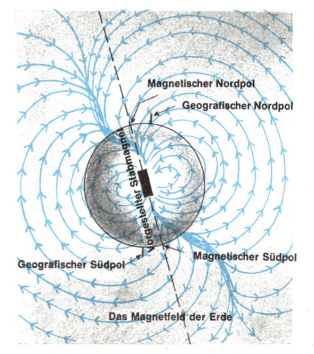

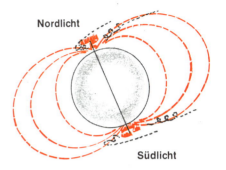

Das Polarlicht gleicht einem elektrischen Feuerwerk am Himmel. Die grafische Darstellung (unten) zeigt, wie sich die farbigen Zonen auf die Pole konzentrieren.

Polarlicht kann in vielerlei Formen erscheinen, manchmal in langen, flatternden Bändern, manchmal sieht es aus wie ein schön gefalteter Vorhang, ein andermal wie ein gigantischer Wasserfall von Licht, das aus den Tiefen des Weltalls herabzustürzen scheint. Das Nordlicht erglüht in herrlichem Gelb, Rosa und Lila, das Südlicht in blassem Grün – immer vor dem dunklen Hintergrund eines Himmels, an dem tausend Sterne wie Diamanten glitzern.

Das Polarlicht ist eine elektrische Erscheinung, die durch Sonnentätigkeit ihren Anfang nimmt. Im Frühling und im Herbst schießt die Sonne starke Ladungen atomarer Teilchen aus sich heraus, die mit äußerster Geschwindigkeit durch den Weltraum sausen. Wenn sie in Erdnähe kommen, werden sie durch unser Magnetfeld eingefangen und zu den Polen gelenkt. Diese Partikel sind Materieteilchen, wenn auch unvorstellbar klein, und wenn sie in die Atmosphäre eintreten, stoßen sie mit den Atomen unserer Luft zusammen. Diese Zusammenstöße – Kollisionen – geschehen millionenfach zugleich und führen zu einer Energieentladung. Diese Energie verursacht eine Farbenglut am Himmel, die wogt und wallt und flattert, als wäre sie lebendig. Manchmal ist das Polarlicht von solcher Strahlkraft, daß es Tausende von Kilometern von den Polen entfernt gesehen werden kann – eine eindrucksvolle Kundgebung der Kräfte, die in unserem Sonnensystem am Werk sind.

Das Leben in der Nähe der Pole

Wir wollen uns nun vorstellen, daß unser Besucher aus dem Weltraum sich der Erde noch weiter genähert hat und sie in etwa 200 km Höhe umkreist. Er wird sorgfältig das Festland betrachten, das unter ihm vorüberrollt, weil er nach Anzeichen für intelligente Lebewesen forscht. Auf den großen Kontinenten wird er zahllose Hinweise finden. Aus dieser Höhe kann er große Städte erkennen und auch die geometrischen Linien kultivierten Landes. Benutzt er ein starkes Fernrohr, kann er Straßen und Brücken entdecken.

Wenn das fremde Raumfahrzeug aber die Polargebiete überquert, verschwinden die Zeichen des Lebens fast ganz. Im Winter gibt es dort so gut wie nichts. Im Sommer könnte er dort einige spärliche Spuren pflanzlichen und tierischen Lebens entdecken. Der Planetenbesucher würde daraus schließen, daß in diesen Zonen keine höheren Lebewesen existieren können, weil die Daseinsbedingungen höchstens für sehr primitive Lebensformen genügten.

Er hätte sich gründlich geirrt. Wenn die Polargebiete auch nicht überreich an Lebendigem sind, so gibt es dort doch eine Menge Pflanzen und Tiere, die sich in diesen von Schneestürmen durchtosten Regionen zäh an ihr Dasein klammern. Es gibt dort Pflanzen, Vögel, Fische, Säugetiere — und Menschen.

Im engsten Umkreis der Pole gibt es allerdings kaum etwas Lebendes; aber wenn man vom Nordpol etwas südlich reist und vom Südpol nach Norden, belebt sich die Natur mehr und mehr. Es ist einfach erstaunlich, wie vielerlei Arten von Pflanzen und Tieren es schaffen, in diesen Gebieten zu überleben, wo das Wetter so ungünstig und die Nahrung so knapp ist.

Direkt an den Polen gibt es überhaupt keine Pflanzen. Die „ewige" Eisschicht läßt kein Wachstum zu; Samen, die vielleicht vom Wind in dies Gebiet getrieben werden, können keine Wurzeln schlagen. Aber einige hundert Kilometer von den Polen entfernt gibt es schon Stellen, wo der Wind den Schnee von den Felsen gefegt hat, und in der nördlichen Polarzone findet man dort auch schon etwas Erde. Bis an diese Grenze haben sich die zähen Pflanzen gewagt, die es schaffen, unter solchen Bedingungen zu leben.

Welche Pflanzen wachsen in den Polargebieten?

Die zähesten Pflanzen der Welt sind die Flechten. Ihnen genügt schon ein kahler Felsbrocken, um sich daran festzuklammern. Ihre Ranken entdecken jede kleine Spalte und jeden Riß, um darin Windschutz und Nahrung zu suchen. Das meiste Gestein enthält Mineralien, die durch physikalische und chemische Kräfte der Atmosphäre gelöst sind; die Flechten ernähren sich von diesen Mineralien. Außerdem sind sie gegen Kälte und Trockenheit äußerst widerstandsfähig. Sie sind ideale Polarpflanzen. Auch in der Antarktis findet man sie auf bloßliegenden Felsen. Einige Wissenschaftler nehmen an, daß man auch auf dem Mars Flechten vorfinden könnte.

Die vielen Moose, die im nördlichen Polargebiet und an den Küsten Ant-

Die Weide, bei uns ein normaler Baum, hat sich in der arktischen Tundra zu einer Kriechpflanze umgebildet.

Auch die Schwarzfichte, die wir als stolzen Baum kennen, kriecht in der Arktis zwergenhaft am Boden.

Wenn der Schnee schmilzt, beginnen die arktischen Mose zu sprießen.

arktikas plötzlich zum Vorschein kommen, wenn der Schnee schmilzt, bilden einen überwältigenden Farbenteppich. Lebhaft rot, kräftig grün und tiefblau breiten sie sich über die einsamen Küstenstriche der Antarktis und über die Tundren der Arktis. Das nördliche Polargebiet prunkt mit dichtem Graswuchs, mit Farnen und Blütenpflanzen; dem antarktischen Kontinent schenkt der Sommer nur eine einzige blühende Grasart und einige wilde Nelkenarten. Achthundert Kilometer unterhalb des Nordpols beginnt die Tundra. Während des Winters ist sie unter tiefem Schnee begraben, aber im Sommer grünt und blüht es dort. Baumwuchs gibt es im südlichen Polargebiet überhaupt nicht, und auch nicht nahe am Nordpol. Doch auf den Tundren im Norden Alaskas, Grönlands, Kanadas und Sibiriens wachsen schmächtige Zwergweiden. Auch sie sind nicht sehr zahlreich; oft bilden einzelne Bäumchen Merkzeichen in den sich endlos dehnenden Weiten.

Gibt es in den Polargebieten auch Insekten?

Auch etliche Insektenarten werden mit den Schwierigkeiten fertig, die der enorm kalte Winter in den Polargebieten für alles Lebende bedeutet. Genau wie bei den Pflanzen, handelt es sich auch bei den Insekten um besonders rauhe und zähe Arten, die während der kalten Monate entweder einen Winterschlaf machen oder am Ende des Sommers Eier legen, welche an geschützten Plätzen überwintern.

Im Südpolargebiet gibt es vierundvierzig Insektenarten, hauptsächlich Milben, Zecken, Fliegen, Läuse und viele Mücken. Ihre Hauptnahrungsquelle ist der Pinguin.

Im nördlichen Polargebiet sieht es anders aus. Mit dem Tauwetter im Frühling entstehen dort weite Sumpfgebiete, in denen Tausende von Insektenarten gedeihen. Es sind Verwandte unserer Fliegen, Mücken, Bienen, Schmetterlinge und Käfer. Weil es in der Arktis viel mehr Pflanzen und Tiere gibt, können all diese Insekten dort besser leben als ihre wenigen Artverwandten im äußersten Süden der Erde.

Das Leben im Eismeer

Vielleicht wundert sich mancher, daß die meisten Pflanzen und Tiere der Polargebiete in der eisigen See leben. Man kann es sich schlecht vorstellen, daß Gewässer, deren Temperatur nur knapp über dem Gefrierpunkt liegt, zuträgliche Lebensbedingungen bieten können — aber es ist so. Die kalten Polarmeere sind reich an Sauerstoff. Die warmen Strömungen, welche aus den gemäßigten Zonen nach den Polen hinfließen, sind sehr mineralhaltig. Sauerstoff und Mineralien bilden zusammen die Nahrung für die mikroskopisch kleinen Pflanzen und Tiere, die man „Plankton" nennt. Die Polarmeere sind sehr reich an Plankton; mit ihnen verglichen, sind die tropischen Gewässer leer. Dies Plankton bildet die Hauptnahrung für die Bewoh-

Mikroskopisch kleine Quallen und winzige Krebse gehören zum Plankton, von dem sich die meisten Meeressäugetiere in den Polargebieten ernähren.

19

Die Wale sind die größten Tiere der Erde. Unter ihnen ist der Blauwal der allergrößte. Er kann mehr als 30 m lang werden und über 100 Tonnen wiegen. Er ist größer als jeder Dinosaurier, der je gelebt hat. Der Blauwal lebt mit mehreren kleineren Mitgliedern der Walfamilie im Antarktischen Meer.

Die begehrteste Beute der Walfänger ist der Pottwal. Er lebt in nördlichen und südlichen Polargewässern.

Wale sind friedliche Tiere, die von Plankton leben. Eine Ausnahme ist der nur 9 m lange Schwertwal.

ner der Eismeere. Viele Fischarten ernähren sich davon, und diese Fische sind wiederum die Nahrung vieler großer Meeressäugetiere.

Was ist ein Meeressäugetier?

Meeressäugetiere sind genau wie die Landsäugetiere warmblütige Tiere, die Luft atmen und lebende Junge zur Welt bringen, die sie säugen. Aber das Meeressäugetier ist dem Leben im Wasser angepaßt. Anstelle der Beine hat es Flossen; es hat einen glatten, geschmeidigen Körper, der sich gut zum Schwimmen eignet; und es hat die Fähigkeit, viele Minuten lang den Atem anzuhalten.

Zu den Meeressäugetieren gehören der Seehund, der Wal, der Tümmler, der Delphin und das Walroß.

Von allen Meeressäugern, die es auf unserem Planeten gibt, leben die meisten in den Polargebieten, weil dort Nahrung im Überfluß vorhanden ist und weil diese Tiere fähig sind, die größte Kälte zu ertragen. Fische sind zwar nicht kaltblütig, wie manche Leute sagen, aber sie sind Kaltblüter, das heißt, ihre Bluttemperatur verändert sich je nach der Temperatur ihrer Umgebung.

Tümmler und Delphine gehören ebenfalls zur Walfamilie.

Im warmem Wasser ist der Fisch warm, im kalten Wasser ist er kalt. Wird das Wasser zu kalt, so tötet es den Fisch. Säugetiere sind jedoch imstande, ihre Bluttemperatur gleichmäßig warm zu halten, unabhängig von der Temperatur ihrer Umgebung. Darum können die Meeressäuger in den Eismeeren so gut gedeihen.

Welche Vögel leben in den Polargebieten?

Auf dem Festland der Antarktis gibt es keine Säugetiere. An größeren Tieren leben dort nur Vögel. Sowohl in der Arktis als auch in der Antarktis findet man vielerlei Vögel. Einige ziehen, wenn der Winter kommt, in wärmere Länder; aber ein großer Teil trotzt auch dem Polarwinter.

Der Seemann, der in das südliche Eismeer fährt, wird dort immer wieder voller Freude den Albatros sehen, der mit seinen Riesenschwingen hoch über den Wellen dahinzieht. Der Vogel gilt dem Seemann als Glückszeichen; doch dem, der einen Albatros tötet, soll Unglück widerfahren. Die Spannweite seiner Flügel beträgt 3—4 Meter. Während er Hunderte von Kilometern in mühelosem Flug dahingleitet, späht er scharf nach Fischen aus.

Auf seinem Jagdflug begleiten ihn die Meerschwalbe (ein bemerkenswerter Vogel, der in jedem Jahr vom Nordpol zum Südpol und wieder zurück fliegt), der Sturmvogel und die ungestüme Riesenraubmöwe, die nur in der Antarktis lebt. Im südlichen Polargebiet ist das Meer die einzige Nahrungsquelle.

An allen Küsten der Eismeere trifft man den Seehund; er ist das verbreitetste und friedlichste Meeressäugetier. Zur Paarungszeit wandern die Seehunde in großen Herden über das Eis und versammeln sich auf felsigen Inseln. — Ein Raubtier aber gehört zur Seehundfamilie — der Seeleopard. — Das Walroß mit den Elfenbeinzähnen, das nur in der Arktis lebt, ist ebenfalls ein Verwandter des Seehundes.

Walrosse

Seehunde müssen mindestens alle zehn Minuten an die Oberfläche, um Luft zu schöpfen. Darum beißen sie sich einen Tunnel durch das Eis und halten sich ein Luftloch offen.

Seehund

Seeleopard

Albatros im Flug

Meerschwalbe

Die Riesenraubmöwe — eine Gefahr für den Nachwuchs der Pinguine.

Das Schneehuhn ist nur auf der Tundra zu finden.

Königspinguine, die auf ihren Eiern sitzen.

Die erstaunlichsten Vögel der Welt sind die Pinguine, die Bewohner der Eisküste Antarktikas. Es sind Vögel, die nicht fliegen können. Ihre Flügel haben sich zu leistungsfähigen Paddeln entwickelt. Diese Paddeln und die kräftigen Schwimmhäute an seinen Füßen machen den Pinguin zu einem ausgezeichneten Schwimmer. Weil der Pinguin nur von Fischen lebt, hat er es gelernt, wie ein Fisch zu schwimmen. Er kann so geschmeidig ins Wasser tauchen, daß sich die Oberfläche kaum kräuselt. Wie ein geräuschloser Torpedo schießt er tief unter Wasser vorwärts. Wenn ein Pinguin das Wasser verläßt, muß er sich mit einem Schwung hochschleudern, weil es ihm nicht möglich ist, auf das Eis hinaufzuklettern.

Welcher Vogel schwimmt wie ein Fisch?

Auf dem Eis watschelt der Pinguin auf die komischste Art und Weise. Mit ihren schwarzen Rücken und Flügeln und den weißen Bäuchen sehen diese Vögel immer aus wie feierlich befrackte Männer. Pinguine bauen ein kleines Nest aus Steinchen, und Männchen und Weibchen lösen einander beim Brutgeschäft ab. Forscher haben erlebt, daß ihnen Scharen von Tausenden neugieriger, freundlicher Pinguine nachgelaufen sind.

Den warmblütigen Tieren im äußersten Norden und Süden sind Eigenschaften angeboren, die sie befähigen, sich unter den harten Lebensbedingungen zu behaupten.

Wie halten warmblütige Landtiere die Polarkälte aus?

Am wichtigsten ist die Kälteisolierung. Die Vögel sind mit einem dichten, fest zusammenhaltenden und gefetteten

Gefieder ausgestattet. Die Säugetiere sind schwer bepelzt, einige sogar mit doppelten Schichten; auch der Pelz ist gefettet. Unter der Haut haben sie noch eine besondere Fettschicht. So sind sie alle gut gegen die Kälte gepolstert.

Die ungeschütztesten Teile der Tiere sind zweifellos die Beine. Sie würden zu schwer werden, wenn sie mit dickem Pelz oder Fettschichten gepolstert wären; die Muskelbewegung wäre behindert und die Tiere wären weniger flink. Die Beine warmzuhalten ist ein Problem, das von der Natur auf andere Art ausgezeichnet gelöst wird. Alle Polartiere haben eine verstärkte Blutzirkulation in den Beinen. Aus dem Körperinneren strömt mehr warmes Blut als bei anderen Tieren in die Beine und schützt sie vor dem Erfrieren. Aber besteht nicht die Gefahr, daß das Blut in den Beinen zu stark erkaltet und bei seiner Rückkehr Herz und Lunge zu sehr abkühlt? Die Natur hat auch hier vorgesorgt: Die Hauptblutbahnen verlaufen eng zusammen und – anders als bei sonstigen Tieren – mehr in der Mitte der Beine; ein Netzwerk von feinsten Äderchen strahlt von ihnen aus und erreicht überall die Haut, doch die Hauptblutbahn bleibt geschützt. Außerdem wird das abgekühlte Blut beim Rückstrom in die Lunge wieder erwärmt, weil die Venen ganz nahe an den warmen Arterien liegen.

Diese Anpassung an die Kälte dient noch einem anderen Zweck. Nur sehr tiefe Wunden würden die Hauptblutbahn erreichen. Die Polartiere können allerlei Schnitte, Kratzer und Bisse aushalten, ohne viel Blut zu verlieren.

Auch ihr unaufhörlicher Appetit ist eine Anpassung an das Polarklima. Nahrung verwandelt sich in Wärme. Um warm und gesund zu bleiben, müssen die Polartiere oft und viel fressen. In den gemäßigten und tropischen Zonen fressen die Tiere einmal reichlich und können sich dann bis zur nächsten Mahlzeit ausruhen. Die Polartiere haben kein so leichtes Leben. Sie müssen dauernd nach Nahrung suchen.

Der Polar- oder Eisbär – der Eskimo nennt ihn „Nanuk" – ist der König des Nordens. Angepaßt an jede Form des polaren Geländes, kann Nanuk schneller als jeder Mensch über das Eis laufen, Felsen und Eisberge erklimmen und sehr behende durch das Wasser schwimmen. Sein schnee-

Welches Tier wird „König des Nordens" genannt?

Das weiße Fell der Schneehasen (unten) und des Wiesels oder Hermelins ist eine ausgezeichnete Tarnfarbe in ihrer schneebedeckten Umwelt.

weißes Fell tarnt ihn gut in Eis und Schnee, und er kann seine Beute völlig geräuschlos anschleichen. Nanuk wird im eisigen Norden von Mensch und Tier gefürchtet. Er kann bis zu 1000 Pfund schwer werden; in seinem mächtigen Körper steckt gewaltige Kraft.

Der Eisbär hat einen riesigen Futterbedarf. Auf seiner Beutejagd folgt ihm der Polarfuchs, ein schlaues, scharfäugiges Mitglied der Hundefamilie. Er wartet, bis Nanuk sein Mahl beendet hat; dann schmaust er das, was der Eisbär übrig ließ.

Welches ist das schnellste Tier des Nordens?

Der Polarwolf, schwer bepelzt und kräftig gebaut, ist nicht nur das intelligenteste Tier des Nordens, sondern auch das schnellste. Er jagt in kleinen Rudeln oder auch einzeln den flinken weißen Schneehasen und stellt den zottigen Moschusochsen und das Rentier. Der Polarwolf beschleicht auch Vögel, die sich für einen Augenblick auf das Eis niederlassen. Trotz seiner Wildheit ist der Wolf keine Gefahr für die menschlichen Bewohner der Arktis. Wenn er sich auch vor niemandem — außer vor dem Eisbären — fürchtet, läuft er doch davon, wenn er Menschen wittert; er greift sie nur an, wenn er hungrig ist und keine andere Beute finden kann.

In den Tundren findet der Wolf jedoch eine Menge Beute. Die kleinen Lemminge (eine Wühlmausart), der Maulwurf und andere Erdbewohner kriechen aus ihren Winterquartieren hervor, und die Vögel des Nordens, Gänse und Schneehühner, nisten in den Erdmulden.

Hat ein Eisbär schon einmal einen Pinguin gefangen?

Wir wissen, daß Nanuk, der Eisbär, sehr schnell ist und daß der Pinguin schwimmt wie ein Fisch. Aber noch kein Eisbär hat einen Pinguin gefangen. Warum nicht? Pinguinfleisch wäre doch eine nette Abwechslung auf seiner Tafel! Nun, es ist eine Scherzfrage, und wer bis jetzt aufmerksam gelesen hat, wird die Antwort wissen. Wer sie nicht weiß, soll sich einmal die Entfernung vom nördlichen bis zum südlichen Polargebiet vorstellen. Sie ist selbst für einen hungrigen Eisbären zu groß. Eisbären gibt es nur in der Arktis, Pinguine nur in der Antarktis.

Polarwolf

Der Vielfraß hält seine nächtlichen Streifzüge an der Küste des Arktischen Ozeans.

Der Grizzlybär lebt auf der Tundra

Der Lemming gehört zu den Wühlmäusen

Die ersten Bewohner der Arktis

Blättern wir einmal weit zurück in der Geschichte der Menschheit. Als die Menschen noch keinen Ackerbau kannten und noch keine festen Wohnsitze hatten, sondern als Jäger und Sammler streifende Nomaden waren, vor fast 20 000 Jahren, kamen hoch oben am äußersten Zipfel Alaskas Menschen über die vereiste Beringstraße. Es waren Völkerstämme, die noch vor den Eskimos aus Sibirien in die „Neue Welt" einwanderten; wo sie ursprünglich beheimatet waren, weiß man nicht genau. Diese Steinzeitmenschen waren die ersten, die das nördliche Polargebiet bewohnt haben.

Woher kamen die Eskimos?

Die nördlichste Bevölkerung unserer Erde sind die Eskimos. Sie bewohnen die nördlichsten Gebiete des amerikanischen Kontinents sowie die größte Insel der Erde, Grönland. (Grönland gehört zu Dänemark und ist etwa fünfzigmal größer als das Mutterland.)

Wissenschaftler sind der Meinung, daß die Eskimos ursprünglich aus den Weiten der Mongolei gekommen sind, und zwar als letzte Gruppe der Einwanderer, die vor mehr als 10 000 Jahren über die Beringstraße zogen. Niemand weiß, warum sie ihre Heimat verlassen haben. Vielleicht wurden sie vertrieben, vielleicht suchten sie nach einem Land, das ihnen günstigere Lebensbedingungen bot. Nach einer anderen Theorie sind sie dem langsam zurückweichenden Eis nach der letzten Eiszeit gefolgt, weil sie den Tieren nachjagten, die damals vielleicht vor ihren menschlichen Feinden immer weiter nach Norden flüchteten. Schon vor den Eskimos kamen die Völkerstämme, die Kolumbus viele Jahrtausende später irrtümlich „Indianer" nannte, weil er Amerika für

Der Eisbär ist ein sehr gefährlicher Gegner, besonders wenn er Junge hat.

Indien gehalten hat. Die Indianer zogen langsam südwärts und verbreiteten sich über ganz Nord- und Südamerika. Die Vorfahren der Eskimos waren in ein unwirtliches, bitterkaltes Land gekommen. Sicherlich wären auch sie gern weiter nach Süden gezogen. Wahrscheinlich haben das die Stämme verhindert, die vor ihnen gekommen waren und die ihre Jagdgründe gegen die neuen Eindringlinge verteidigten. Wohl oder übel mußten die Eskimos im eisigen Norden bleiben und versuchen, sich den harten Lebensbedingungen anzupassen, um zu überleben.

Die Eskimos unterscheiden sich darin

Was unterscheidet die Eskimos von anderen Menschen?

von den anderen Erdbewohnern, daß sie es gelernt haben, in einer Umgebung, wo ein einziger Fehler den Tod bedeuten kann, zu leben, Nahrung zu finden und ihre Kinder aufzuziehen. Die Eskimos sind klein und gedrungen und schwarzhaarig; ihre Augen haben die „Mongolenfalte", die sie schräg erscheinen läßt. Sie sind fast alle sehr gutmütig und fröhlich und hängen mit großer Liebe an ihren Kindern. Man sollte meinen, die Eskimos müßten ein hartes, strenges Volk sein, ein Spiegel ihrer Umwelt, aber das stimmt nicht. Wenn auch in den Familien strikte Disziplin herrscht, so nehmen diese Menschen doch viel Ungemach gelassen hin, und sie, die täglich dem Tod ruhig ins Auge sehen, sind wohl die gastfreundlichsten Menschen der Welt.
Ein Teil der Eskimos lebt heute auch schon südlich des nördlichen Polarkreises. Hier soll von jenen erzählt werden, die noch immer in einzelnen Familiengruppen hoch oben in der Ark-

tis wohnen und die Polar-Eskimos genannt werden. Sie leben noch wie die Steinzeitmenschen der Vergangenheit ohne festen Wohnsitz und ohne jede politische Organisation.

Der Iglu ist die Behausung des Eski-

Wie wird ein Iglu gebaut?

mos. Das Wort bedeutet in der Eskimosprache „Schneehaus". Es ist wohl das genialste Haus, das je von primitiven Menschen erbaut wurde. Ein Iglu wird aus dem Material gemacht, das im Norden am meisten vorkommt — aus Eis und Schnee. Wenn die Eskimos auf Jagd unterwegs sind und ein Schneesturm kommt auf, muß in kürzester Zeit ein Iglu errichtet werden; wenige Minuten können über Leben oder Tod entscheiden.
Der Iglu wird aus festen Schneeblöcken halbkugelförmig errichtet. Der Eskimo schneidet mit seinem gebogenen Schneemesser die Schneeblöcke heraus und stapelt sie im Kreis um sich herum. Er schneidet sie leicht schräg, so daß sie eine Einwärtsneigung bekommen, und häuft sie in steigender Spirale. Der Eskimo baut den Iglu von innen; er schneidet die Blöcke aus dem Schnee unter seinen Füßen, so daß der Boden tiefer sinkt, während der Bau wächst. Ist er fertig, so umgibt ihn eine vollkommene Kuppel, die eine Grube umschließt, welche ebenso tief ist wie die Kuppel hoch ist. Dies halbkugelförmige Haus hat eine aerodynamische Form, die dem heulenden Sturm den geringsten Widerstand bietet. Ist die Kuppel fertig, wird oben ein kleines Loch durch die Decke gestoßen, damit heiße Luft entweichen kann, und seitlich führt ein niedriger Durchlaß in einen überdachten Gang, der als Aus-

26

gang dient. Manchmal führt dieser Gang zu einem kleineren Iglu, der die Schlittenhunde beherbergt. Während der Eskimo von innen her am Bau arbeitet, verstopft die restliche Familie von außen jeden Riß und jede Spalte mit losem Schnee, bis die Wände luftdicht sind. Ein Eskimo kann einen Iglu in zwanzig Minuten fertig haben. Wenn er meilenweit von seiner Familie allein auf Jagd ist und ein arktischer Schneesturm kommt auf, muß er beim ersten Anzeichen eines solchen „Blizzards" so rasch wie möglich einen kleinen Iglu zu seinem Schutz bauen — sonst ist er verloren. Diese Geschicklichkeit ist eine der Notwendigkeiten, um im polaren Norden zu überleben.

Die Einrichtung eines Familien-Iglus ist

| **Wie sieht ein Iglu von innen aus?** |

sehr einfach. Es gibt keine Möbel, denn ein Eskimo muß all seinen Besitz auf seinem Rücken oder auf seinem Schlitten mit sich führen können. Im Iglu gibt es gewöhnlich mehrere „Betten" aus Schneeblöcken, mit Tierfellen bedeckt. Außer zum Schlafen dienen sie auch als Tische und Sitzgelegenheiten. Auf einem Schneesims an der runden Wand steht eine kleine steinerne Tranlampe, die etwas warmes, gelbliches Licht verbreitet. Nahrungsmittel werden in dem Durchgang aufbewahrt, der nach draußen führt. Mit einigen Nahrungs- und Ölvorräten kann eine Eskimofamilie den schlimmsten Schneesturm aushalten.
Ist ein Iglu einige Tage benutzt worden, so hat die Wärme der Tranlampe und die Körperwärme seiner Bewohner die innere Schneeschicht geschmolzen, die dann wieder zu einer Eisglasur gefriert. Diese Eisglasur bildet dann einen

zusätzlichen Schutz: sie isoliert, hält die Kälte noch besser ab und reflektiert die Wärme, so daß die Bewohner es noch wärmer haben.
Der Iglu ist eine wirklich brauchbare Wohnung. Er kann im Innern Temperaturen halten, die bis zu 50° C höher sind als die Außentemperatur! Wenn draußen eine Kälte von 50 Grad unter Null herrscht, kann im Iglu eine Temperatur von Null Grad sein. Null Grad ist für uns natürlich nicht warm, aber der Eskimo empfindet Null Grad schon als heiß. Er wird seine Kleider ausziehen und die Wärme genießen. Das ist ein anschaulicher Beweis, wie sehr sich der menschliche Körper anpassen kann.
Wie schon erwähnt, leben die Eskimos nicht in großen Gemeinschaften. Jede Familie lebt für sich und ist ständig auf Nahrungssuche. Aber wenn ein einsamer Wanderer unerwartet auf einen Iglu stößt, wird er sogleich willkommen geheißen und als geehrter Gast bewirtet.
In jedem Frühling treffen sich die Eskimos an einem zentralen Ort, wo sie ein großes Fest feiern, Felle verkaufen und Waffen einhandeln und nach einem Ehemann für ihre heiratsfähigen Töchter Umschau halten.

Die Eskimos haben ein wunderbares

| **Die Wasserfahrzeuge der Eskimos** |

Boot entwickelt, das Kajak. Es ist ein schlankes Fahrzeug, an beiden Enden zugespitzt, ein Ein- oder Zweimannboot. Es besteht aus einem Rahmen aus Holz oder Walfischknochen, der mit Walroßfell bespannt wird. Der Sitz im schmalen Cockpit ist nur eine enge Sitzluke, an der sich

Seit Jahrtausenden bauen die Eskimos ihre Schneehäuser in solcher Form.

Laschen befinden, die sich der Bootsfahrer eng um den Körper bindet, so daß das ganze Fahrzeug wasserdicht verschlossen ist. Wenn er kentert, kann er sich mit dem Boot wieder aufrichten und bleibt unterhalb der Gürtellinie trocken. In einem Kajak kann der Eskimo ziemlich weite Fahrten in der rauhen See unternehmen.

Es gibt noch ein größeres Boot, das die ganze Familie aufnehmen kann. Der Eskimo nennt es Umiak. Es ist breiter gebaut, mehr wie ein Ruderboot, und nicht gedeckt. Das Umiak wird hauptsächlich benutzt, um Handelswaren und Nahrungsmittel über das Wasser zu befördern.

Wie jagen die Eskimos?

Als Jäger auf dem Eis zeigt der Eskimo besondere Geschicklichkeit und großen Einfallsreichtum. Seit etlichen Jahren benutzen die Eskimos allerdings Gewehre; dadurch hat sich manches in ihren Jagdgewohnheiten verändert. Aber Jahrtausende lang jagten sie auf sehr erfinderische und interessante Art.

Um Fische zu fangen, wird ein Loch ins Eis geschlagen und ein Angelhaken mit einem Köder hinabgelassen. Die Leine wird so mit einem Querstab befestigt, daß sich eine kleine Flagge bewegt, wenn ein Fisch angebissen hat. Ein Eskimo legt viele solcher Angeln zugleich aus. Dann baut er sich mit seinen Söhnen einen Windschutz aus Schnee und beobachtet aufmerksam die Flaggen. Wenn sie heftig zu tanzen beginnen, wird rasch die Leine aus dem Loch gezogen. Der Fisch wird aufs Eis gebracht, wo er sofort gefriert.

Die Seehundsjagd stellt höhere Anforderungen. Wenn der Seehund kein offenes Wasser findet, beißt er sich einen Tunnel durchs Eis und hält sich ein kleines Luftloch offen, damit er atmen kann. Geduldig wartet der Eskimo, mit Messer und Harpune bewaffnet, oft tagelang an einem solchen Luftloch. Wenn der Seehund sich in

Kajak und Umiak sind ausgezeichnete Wasserfahrzeuge und leicht genug, um sie, wenn es nötig ist, über das Eis zu tragen.

Im Innern eines Iglus ist es warm und verhältnismäßig gemütlich. Die Temperatur steigt oft bis über 15 Grad.

So wird ein Iglu gebaut. Ein geschickter Eskimo schafft es in 20 Minuten. Das Loch in den mittleren Zeichnungen ist nur ein provisorischer Durchschlupf. Der richtige Eingang wird später als Tunnel unterm Schnee gebaut (siehe 4. Zeichnung); so kann der eisige Wind nicht ins Innere gelangen.

den senkrechten Tunnel begibt, wird die Harpune hinabgestoßen; ihre Widerhaken fahren ins Fleisch. Dann beginnt ein mächtiger Kampf. Der Eskimo muß das wild hin- und herschlagende Tier mit der Harpune festhalten, während er hastig das Loch im Eis erweitert, um mit seinem Messer herabstoßen zu können. Mit Hilfe seiner Hunde zieht er dann den getöteten Seehund aus dem Wasser. Für eine Woche hat er nun wieder Nahrung für seine Familie.

Walrosse werden meistens im offenen Wasser harpuniert und dann aufs Eis gezogen. Sie sind gefährlicher als Seehunde, weil sie viel schwerer sind und lange Stoßzähne haben. Bei einer Walroßjagd riskiert der Eskimo wirklich sein Leben.

Der gefährlichste Gegner ist jedoch Nanuk, der Eisbär. Das weiße Fell Nanuks ist für den Eskimo die begehrteste Jagdbeute; er wandert lange Strecken, um den Eisbären zu stellen. Aber Nanuk ist nicht so leicht zu besiegen wie Seehund und Walroß. Und ein verwundeter Bär ist schrecklich gefährlich. Gewöhnlich setzt der Eskimo seine Hunde auf die Bärenfährte. Haben die Hunde den Bären gestellt und eingekreist, versucht der Eskimo, ihn mit seinen Speeren zu treffen. Er hofft, den Eisbären so schwer zu verwunden, daß er allmählich verblutet. Das ist eine heikle Sache. Oft müssen etliche Hunde der rasenden Wut des Bären geopfert werden, und schon mancher Eskimo wurde durch einen einzigen Hieb von Nanuks gewaltiger Tatze getötet.

Um Nanuks gefährlicher Wut zu entgehen, haben die Eskimos eine einzigartige Waffe ersonnen. Wenn er eine Bärenfährte entdeckt hat, schabt der Eskimo Streifen von Walfischknochen zu dünnen, nadelspitzen, etwa 30 cm langen Stücken mit rasiermesserscharfen Kanten. Diese lassen sich wie Stahlfedern zusammenrollen. Sie werden in warme Walspeckstücke hineingetan. Der Jäger bereitet diesen Köder im Iglu; trägt er ihn nach draußen, gefriert der Speck sogleich und hält das eingerollte Knochenmesser im Innern zusammen. Diese Köderstücke werden auf der Bärenfährte ausgelegt. Der Eskimo wartet geduldig. Findet der Eisbär einen dieser Bissen, schluckt er ihn ganz hinunter. Das ist sein Verderben. Im Magen schmilzt der Speck, der scharfe Walknochen schnellt auseinander und zerfetzt das Innere des Bären. Nun folgt der Eskimo langsam der Fährte des sterbenden Nanuk. Ist der Bär dann tot, lädt er ihn auf seinen Schlitten und bringt ihn heim. Das ist gewiß eine grausame Art zu töten; man muß aber bedenken, unter welch schweren Lebensbedingungen die Eskimos jahrtausendelang existieren mußten. Das Gewehr hat diese schreckliche Tötungsart unnötig gemacht.

Wie werden die erlegten Tiere verwendet?

Der Eskimo jagt nicht zum Spaß, sondern aus unbedingter Notwendigkeit. Er braucht fast alle Bestandteile der erbeuteten Tiere. Fleisch und Speck werden gegessen — manchmal sogar roh. Das klingt nicht gerade verlockend. Aber es ist ihm nicht immer möglich, ein Feuer zu unterhalten, und

rohes Fleisch versorgt die Eskimofamilie mit der Eiweißnahrung, die in der Kälte so bitter nötig ist.

Aus den Därmen und Sehnen werden Angelschnüre, Hundeleinen und Riemen gemacht, die die Kleidung zusammenhalten. Häute und Felle werden mit den Zähnen bearbeitet! Das ist die Aufgabe der Frauen. Sie kauen geduldig auf jeder Stelle einer Haut, bis sie weich und geschmeidig ist. Dann schneiden sie sie zurecht und machen Kleidungsstücke daraus.

Den wetterfesten Parka, den wir von der amerikanischen Soldatenkleidung kennen, haben die Amerikaner von den Eskimos übernommen, nur besteht er dort aus Tierhaut. Die meisten Kleidungsstücke der Eskimos sind locker gearbeitet und innen mit Pelz gefüttert; die Luft zwischen Körper und Fell isoliert ausgezeichnet gegen die arktische Kälte. Die Eskimostiefel, Mukluks genannt, ähneln hohen Mokassins; sie sind fest verschnürt und halten die Füße trocken.

Walroßhäute werden für Bootshüllen gebraucht, und aus den Stoßzähnen schnitzen die Eskimos Messer, Speerspitzen und allerlei Geräte. Ein Teil des tierischen Fettes wird für die Ernährung verwendet; der Rest wird zu Tran für die Lampen. Auch die Hunde müssen ernährt werden; sie fressen alles, was die Eskimos nicht selbst verzehren. Nichts wird vergeudet. Weil die Arktis so wenig zu bieten hat, nutzt der Eskimo alles, was er finden kann, um sich zu ernähren, zu kleiden und die nötigen Waffen, Geräte und Ausrüstungsgegenstände anzufertigen.

Welches Tier ist dem Eskimo unentbehrlich?

Ohne ihre Schlittenhunde hätten die Eskimos wahrscheinlich nicht überleben können. Die Beziehung zwischen einem Eskimo und seinen Hunden geht weit über die übliche Freundschaft zwischen Mensch und Tier hinaus.

Mühelos zieht das Hundegespann Stunde für Stunde den Schlitten, unermüdlich dient es seinem Herrn. Auf der Jagd verfolgen die Hunde das Wild, treiben es in die Enge und bringen es mit zu Fall. Dafür versorgt der Eskimo seine Hunde mit Nahrung (ein Eskimohund braucht ebenso viel Nahrung wie ein Mensch).

Der Husky (oder Elchhund) wurde wahrscheinlich bei der Einwanderung

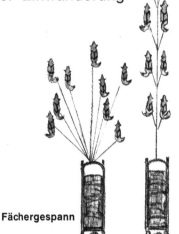

Fächergespann

Federgespann

Ein Gespann von Huskies zieht einen beladenen Schlitten mit erstaunlicher Leichtigkeit. Das Geschirr wird meistens aus Streifen von Walroßhaut gemacht. Das „Fächergespann" eignet sich für Reisen im offenen Gelände, während das „Federgespann" verwendet wird, wenn Hindernisse und schmale Durchfahrten zu erwarten sind.

aus dem Nordosten Asiens mitgebracht; er ist dem Polarwinter vollkommen angepaßt. Er trägt einen doppelten Pelzmantel, hat kurze Ohren und einen buschigen Schwanz, der ihm Nase und Schnauze wärmt, wenn er zusammengerollt im Schnee schläft. Seine breiten Pfoten greifen fest ins Eis, und sein untersetzter Körper mit der breiten Brust verleiht ihm die Zugkraft.

Ohne seine Hunde könnte der Eskimo seine Jagdbeute nicht heimbringen. Die Hunde helfen ihm, genügend Wild zu finden; sie schützen ihn vor dem Eisbären. In seinem beständigen Daseinskampf sind sie seine Gehilfen, seine Beschützer und Kameraden.

Die Eskimos bewohnen das nördliche

| Leben noch andere Menschen im nördlichen Polargebiet? |

Alaska, Teile von Kanada, Grönland, Labrador und die polare Eiskappe. Es gibt jedoch anderswo noch Völkerstämme, die der Strenge der Polargebiete trotzen. In Sibirien sind es die Komi oder Syrjänen, die Kamtschadalen, Jakuten, Samojeden, Wogulen, Tungusen und die Tschuktschen, die die nördlichen Tundren bewohnen. Sie leben nicht auf die gleiche Art wie die Eskimos, weil ihre Umwelt anders aussieht. Viele sind Rentierzüchter und gleichen eher den Lappen, die auf der russischen Halbinsel Kola, in Finnland, Norwegen und Nordschweden leben.

Im Zuge der Ausbreitung der Zivilisa-

| Wie leben die meisten Eskimos heute? |

tion und infolge der Bedeutung der Polargebiete für die Wissenschaft wurden die Eskimos allmählich modernisiert. Sie jagen mit Gewehren, sie wohnen in Siedlungen und schicken ihre Kinder in die Schule. Viele von ihnen haben einen Beruf erlernt, und ihr durch lange Tradition geschulter Erfindungsgeist macht sie zu großartigen Handwerkern.

Die Eskimos haben aber auch künstlerische Fähigkeiten. Viele ihrer Geräte sind mit geschmackvoll verschlungenen Mustern verziert. Einige stellen Jagdszenen dar; andere haben interessante Ornamente. Die kanadische Regierung hat die schöpferischen Bestrebungen der Eskimos unterstützt, und in den großen Städten Nordamerikas kann man heute Skulpturen kaufen, die Eskimos aus Stein gemeißelt haben.

Die alten Zeiten sind vorbei. Der moderne Eskimo nutzt die neuen Möglichkeiten. Und das ist gut so. Früher wurden die Eskimos nicht mehr als 40 Jahre alt und man fürchtete, das Volk könnte aussterben. Heute hat sich ihre Lebenserwartung erhöht, und die Bevölkerung nimmt zu. Es hat den Anschein, daß der Eskimo zu einem wertvollen Mitglied der menschlichen Kulturgesellschaft wird.

Männer, die zu den Polen gelangten

Schon immer haben Menschen ferne Länder erforscht. Sie hatten mancherlei Beweggründe: Ruhm, Reichtum oder auch ein Verlangen nach Abenteuer und Gefahren. Was immer auch ihre Motive waren, sie führten zur Ent-

deckung neuer Länder, neuer Reisewege. Die Polargebiete haben immer Männer herausgefordert, sich zu erproben. Manche sind angetreten, um dann vom Wetter besiegt zu werden. Nur wenige konnten triumphieren, aber ihr

Eine Eskimomutter mit ihrem Kind. Ihre Gesichtszüge zeigen ihre asiatische Herkunft.

Eine norwegische Lappenmutter mit ihrem Kind. Die Lappen gehören weder zu den asiatischen noch zu den heutigen europäischen Rassen; sie sind die Nachkommen europäischer Ureinwohner.

Lappländer mit ihrem wertvollsten Besitz — den Rentieren.

Sieg war schwer erkämpft. Polarforscher kehrten nicht mit Schiffsladungen von Gold oder Kunstgegenständen zurück. Diejenigen, die das Glück hatten, wieder heimzukehren, kamen mit erfrorenen Fingern und Zehen.

Die Pole zu erreichen, wurde ein begehrenswertes großes Ziel. Es wurde schließlich errungen, aber nur um den Preis harter Arbeit, langer Planung, zäher Ausdauer; um den Preis der Verzweiflung, Kameraden sterben zu sehen; um den Preis von Hunger und Entbehrungen und Erschöpfung; mit Qualen der Niederlage und mit tragischen Unglücken.

Die Pole waren nicht leicht zu bezwingen. In den Polargebieten zeigen die Naturgewalten ihre wildeste Macht. Sie setzen dem Vorrücken des Menschen unnachgiebige Schranken. Die Elemente kümmern sich nicht darum, ob sie bei ihrem Toben Menschen vernichten oder nicht. Die Stürme heulen und reißen Unmengen von Schnee und Eisstückchen mit sich. In jedem Winter scheint die Weltraumkälte nach den Polen zu greifen.

Trotz allem drängte es den Menschen, die Pole zu finden. Seit mehr als hundert Jahren wurde eine Expedition nach der anderen ausgerüstet, viele mutige Forscher machten sich bereit und setzten die Segel nach den Enden der Erde. Sie alle wollten in ein Gebiet, das noch keines Menschen Fuß betreten hatte. Der Geist, in dem sie forschten, wird am besten ausgedrückt in den Worten, die auf einem Kreuz am Südpol stehen. Es wurde zum Gedächtnis an Robert Scott und seine Gefährten errichtet, die dort im Jahre 1912 gestorben sind. Die Inschrift lautet:

> Kämpfen, suchen
> und finden
> und nicht aufgeben.

GEN NORDEN

Um 325 vor unserer Zeitrechnung schickten die Griechen einen Mann aus, nach Norden zu segeln. Sie interessierten sich nicht für den Nordpol, sondern für die Britischen Inseln und den nördlichen Teil Europas. Sie wollten eine Handelsstraße über See erkunden, um ihre Zinn- und Bernsteinlieferungen aus dem Norden zu sichern. Der Mann, den sie für diese Reise erwählten, hieß Pytheas; er war ein stiller Gelehrter, Mathematiker, Geograf und Astronom. Aber würde er auch den Karthagern entgehen, welche den Seeweg durch die Straße von Gibraltar beherrschten? Würde er einen Weg nach dem Norden finden?

> **Wer hat als erster im eisigen Norden geforscht?**

Pytheas schaffte es. Er besuchte die Inseln, die wir heute als Britische Inseln kennen, erforschte die „Germanische Küste" (die deutsche Bucht) und fuhr an der Felsenküste Norwegens entlang. Niemand weiß, wie weit er genau gekommen ist, aber seine Berichte beweisen, daß er auf Island, dem damaligen Thule, landete und demnach mindestens bis zum nördlichen Polarkreis gelangte. Die alten Griechen hatten Norwegen als das Ende der Welt angesehen. Pytheas behauptete, er sei noch weiter gekommen. Er war der erste Mensch der zivilisierten Welt seiner Zeit, der den zugefrorenen Arktischen Ozean gesehen, der die merkwürdige Mitternachtssonne bezeugt und die Pracht des Nordlichts bewundert hat. Er war der erste arktische Forscher.

Gewiß war das arktische Unternehmen nicht der Zweck seiner Reise, aber es stellte sich als das Wichtigste heraus.

Nach Pytheas wird es lange Zeit still um die Polarforschung. In jenen Tagen war durch Reisen in vereiste Meere wenig zu gewinnen, und die nordeuropäischen Völker trieb das Verlangen nach milderen Lüften gen Süden. Aber Jahrhunderte später begannen die kühnen Wikinger aus Norwegen in fremde Gewässer zu segeln. Sie waren die geborenen Entdecker, immer auf der Suche nach neuem Siedlungsland. Ihre Seereisen führten sie durch den nördlichen Atlantik, und sie müssen auch Teile des Arktischen Ozeans überquert haben. Die Besiedlung Islands durch die Wikinger um 870 n. Chr. war der erste Schritt auf dem Weg zur Entdeckung Amerikas. Eine Gruppe von irischen Mönchen hatte sich bereits auf Island niedergelassen. Im folgenden Jahrhundert gelangte Erich der Rote bis Grönland. Sein Sohn Leif erreichte dann schließlich Nordamerika. Andere Wikinger forschten in anderen Richtungen. Etwa um die gleiche Zeit umsegelte der Wikinger-Kapitän Ottar das Nordkap und hielt weiter nach Osten zu. Dies war die erste authentisch bezeugte Seereise in arktischen Gewässern.

Wie weit sind die Wikinger gekommen?

Gegen Ende des 15. Jahrhunderts wollte der italienische Seefahrer Christopher Columbus versuchen, die Länder des Fernen Ostens zu erreichen, indem er rund um den Globus segelte; ein ungeheuer großer Kontinent versperrte ihm jedoch den Weg. Als endlich feststand, daß er nicht in Asien gelandet war, sondern einen neuen Kontinent — Amerika — entdeckt hatte, begannen die Fürsten und Kaufleute einiger europäischer Nationen, Expeditionen auszurüsten, um eine Durchfahrt in diesen Landmassen zu finden oder eine Möglichkeit, sie zu umsegeln. Ihre Schiffe fuhren die großen amerikanischen Flüsse hinauf in der Hoffnung, sie würden sich als Durchlaß zum jenseitigen Ozean erweisen. Sie untersuchten das Land nach allen Richtungen, und sie entdeckten: dieser neue Kontinent erstreckte sich fast von Pol zu Pol.

Warum wuchs plötzlich das Interesse für die Polarforschung?

Kühne Männer entschlossen sich, die Umseglung zu wagen. Magellan fand den Weg um die Südspitze Südamerikas, aber die Reise erwies sich als außerordentlich lang und schwierig. Darum begann nun die Suche nach einem Durchlaß im Norden.

Im Jahre 1553 schickten englische Kaufleute drei Schiffe aus, die die märchenhaften Länder des Orients erreichen sollten. Um eine nordöstliche Durchfahrt zu finden, segelten sie nordwärts, entlang der norwegischen Küste, folgten der Route des Wikingers Ottar und drehten dann, als sie die Einfahrt zum Weißen Meer erreichten, nach Osten. Der Kapitän der Flotte, Sir Hugh Willoughby, war voller Hoffnungen auf eine Nordost-Passage. Doch die Reise endete tragisch. Zwei Schiffe gingen vor der russischen Halbinsel Kola verloren; der mächtige Winter hat sie besiegt. Willoughby und seine Männer kamen um. Das dritte Schiff fand jedoch im Weißen Meer einen russischen Hafen und kehrte sicher zurück, als der Winter vorüber war.

Der erste Versuch, eine nördliche Durchfahrt zu finden

35

Der Mann, der zuerst eine Nordwest-Passage erprobte, war ebenfalls ein Engländer, Martin Frobisher. Er unternahm drei Expeditionen; die erste im Jahre 1576, die zweite im Jahr darauf und die dritte 1578. Er segelte um die Südküste Grönlands und von dort nach Nordwesten. Jedesmal gelangte er in ein Gewässer, das sich als eine große Bucht herausstellte. Sie ist heute als Frobisher-Bai bekannt und liegt genau unterhalb des nördlichen Polarkreises. Frobishers Landsmann John Davis folgte seinem Kurs 1587, aber er wendete an der Südküste Grönlands nach Norden und segelte tief in die eisigen Gewässer der Baffin-Bai. Wenn Davis auch weit ins Polargebiet hinaufgelangte, er fand doch keine Durchfahrt. Insel nach Insel blockierte seinen Weg. Doch kehrte er mit vielen Informationen über die Arktis zurück. Er war der erste, der das Leben der Eskimos erforschte.

Den Engländern folgte ein Holländer,

Ein Holländer sucht nach der Nordpassage

Willem Barents. Wiederum wurde, im Jahre 1596, eine nordöstliche Durchfahrt gesucht. Er nahm die Route rund um Norwegen und erreichte das Eismeer, dem die Geografen später seinen Namen gaben. Er kam weiter als alle Männer vor ihm. Etwa 600 Meilen vom Pol entfernt besiegte ihn die Arktis. Packeis türmte sich um sein Schiff und begann es zu zermalmen. Barents war es klar: Er mußte mit seiner Mannschaft den Winter in der Arktis überstehen. Er führte seine Männer quer über das Eis auf die Insel Nowaja Semlja. Sie bauten sich ein Haus, wo sie den Winter überlebten. Im Frühling, als das Packeis aufbrach, beschloß Barents, mit einem offenen Boot zur

Halbinsel Kola zu fahren. Es war seine letzte Reise. Er starb unterwegs an Skorbut — seine Mannschaft kehrte nach Hause zurück.

Die Briten fuhren jedoch fort, nach einer Nordwest-Durchfahrt zu suchen. Sie waren überzeugt, daß es sie geben müsse. Henry Hudson versuchte es viermal zwischen 1607 und 1611. Von seiner letzten Reise kehrte er nicht zurück. William Baffin fuhr 1616 westlich von Grönland so weit nach Norden wie möglich. Doch niemand war imstande, einen Weg durch das Labyrinth von Inseln und Eisschollen zu finden, ganz gleich, in welcher Richtung es auch versucht wurde.

Der Beitrag der Russen

Der russische Zar Peter der Große hatte ebenfalls beschlossen, eine Durchfahrt zu suchen. Im Jahre 1724 heuerte er den dänischen Kapitän Vitus Bering an. Diesem wurde befohlen, eine Landreise von 8000 km Länge zu machen, quer durch das nördliche Sibirien. In der Stadt Ochotsk im Ochotskischen Meer wurden Schiffe für ihn gebaut und Segel gesetzt. Bering machte die Landreise, baute seine Schiffe und umsegelte die Halbinsel Kamschatka. Dann wendete er nach Norden und entdeckte eine enge Wasserstraße, die den Osten vom Westen trennt. Er segelte hindurch und sah, daß er das Eismeer, den Arktischen Ozean erreicht hatte. Das war eine große Entdeckung. Dieser Wasserweg ist nun bekannt als die Beringstraße. Bering wiederholte seine Reise; diesmal segelte er weiter über die Straße, die seinen Namen trägt, hinaus und landete auf Alaska. Durch Berings Reisen erhielten die Geografen viel

36

neues Wissen über den Norden. Durch ihn gewannen die Russen auch das riesige Alaska. Die Vereinigten Staaten kauften Alaska 1867 für sieben Millionen Dollar zurück. Heute scheidet die Beringstraße die beiden mächtigsten Nationen der Erde.

Nach Berings heldenhafter Leistung begannen viele andere Expeditionen, das nördliche Polargebiet zu erforschen und erweiterten die geografischen Kenntnisse über Inseln, Meeresströmungen und die Bewegung des Packeises. Die Namen dieser Männer würden eine lange Liste ergeben; viele von ihnen findet man jedoch auf einer Karte von der Arktis. Inseln, Buchten, Seen, Golfe und Wasserstraßen tragen ihre unvergeßlichen Namen.

Jahr für Jahr gelangten die Expeditionen näher zum Pol. Allmählich wurde er ihr Ziel. Es wurde zwar immer noch nach einer Durchfahrt zum Fernen Osten gesucht, aber immer mehr Männer zogen aus, um den Ruhm zu gewinnen, als erster am Pol gestanden zu haben. Und wie stolz wäre sein Heimatland auf einen solchen Mann!

Eine wichtige Stelle im Norden trägt nicht den Namen ihres Entdeckers — der magnetische Nordpol. Er ist nur ein geografischer Punkt, aber er ist das eine Ende des gigantischen Magnetfeldes der Erde. James Clark Ross, der 1818 als junger Mann seinen Onkel Sir John Ross auf einer Reise in die Arktis begleitete, war der erste, der die Stelle bestimmte, wohin unsere Kompaßnadel zeigt. Diese Stelle ist jedoch inzwischen etwas weiter nach Norden und Westen gewandert; die magnetischen Pole bleiben nie am gleichen Ort.

Wurde die nördliche Durchfahrt gefunden?

Am Ende des neunzehnten Jahrhunderts, nachdem seit einigen Jahrhunderten eine ganze Reihe von Männern gesucht hatte, wurde das Ziel endlich erreicht. Zwei Expeditionen erreichten tatsächlich auf dem Wege über die Arktis den Fernen Osten!

Der schwedische Forscher und Wissenschaftler Nils A. E. Nordenskjöld se-

Eine der verhängnisvollsten Expeditionen auf der Suche nach der Nordwest-Passage wurde 1844 von Sir John Franklin geführt, der die „Terror" und die „Erebus" befehligte, zwei neue Dampfschiffe der Britischen Admiralität. Die Schiffe mit 129 Mann Besatzung fuhren 1846 in den Melvillesund und wurden nie mehr gesehen. Ihr Verschwinden führte zu den kostspieligsten Reisen in die Arktis. Mehr als 40 Expeditionen wurden ausgesandt, um das geheimnisvolle Verschwinden aufzuklären. Erst 1859, 13 Jahre später, fand Kapitän McClintock auf King-Williams-Land einen steinernen Grabhügel, der eine schriftliche Nachricht enthielt. Die Schiffe waren vom Eis festgehalten worden; Franklin hatte mit den meisten seiner Männer zwei Winter überstanden, aber schließlich waren alle durch Hunger und Kälte zugrunde gegangen.

McClintocks Suchgruppe fand Franklins Grabhügel auf King-Williams-Land.

Die „Gjöa" war eben groß genug, um sechs Mann aufzunehmen; doch unter Amundsens Kommando erreichte sie ihr Ziel — die Durchfahrt durch die Nordwest-Passage.

gelte 1878 mit seinem Schiff, der „Vega", von Schweden ab. Es war ein warmer Juli. Er segelte nordöstlich durch den Arktischen Ozean, an der Nordküste Rußlands und Sibiriens entlang und kam bis auf 120 Meilen an die Beringstraße heran. Dann stoppte ihn der Winter. Obgleich vom Eis eingeschlossen, hielt die „Vega" stand, und die Männer überlebten die Schneestürme und die Eiseskälte, bis der Frühling kam und das Eis sie freigab. Zwei Tage, nachdem sie aufs neue Segel gesetzt hatten, fuhren sie durch die Beringstraße und hinaus in die freien Gewässer des Pazifiks. Die nordöstliche Durchfahrt war gelungen.

Im Jahre 1903 nahm ein Norweger, Roald Amundsen, fünf Männer mit an Bord seines kleinen Segelschiffes, der „Gjöa". Er plante, an der Nordküste des amerikanischen Kontinents entlangzufahren und bei dieser Gelegenheit die Arktis zu studieren. Den ersten Winter verbrachten die Forscher in einem bequemen Hafen auf der King-Williams-Insel. Es gefiel ihnen dort so gut, daß sie beschlossen, ihn auch im folgenden Jahr als Winterquartier zu wählen. Amundsen erweiterte das Wissen über die Arktis um ein Beträchtliches; er zeichnete Land- und Seekarten, stellte die Meeresströmungen fest und beobachtete das Wetter. Im Sommer 1905 segelte er dann weiter nach Westen. Ein weiterer Winter wurde im Eis nördlich von Kanada verbracht; doch im Sommer darauf segelte Amundsen durch die Beringstraße. Wieder war ein Ziel erreicht — die Nordwest-Passage.

Beide Reisen bewiesen aber noch etwas anderes. Obgleich es also möglich war, diese Route zu nehmen, war sie nicht brauchbar. Für Handelsschiffe war sie nicht vorteilhaft. Die Gefährlichkeit und Dauer einer solchen Reise machten sie für jeden Kaufmann untragbar.

Fridtjof Nansens Driftfahrt

Einige Zeit vor Amundsens Seereise hatte sich der Norweger Fridtjof Nansen zu einem kühnen Unternehmen eingeschifft. Die Drift des Packeises war inzwischen beobachtet worden und für viele Jahre voraussehbar. Nansen war der Ansicht, daß man interessante Erfahrungen machen könnte, wenn man der Drift folgte. Er hoffte auch, daß die Drift ihn zum Pol führen würde. Im Jahre 1893 segelte er mit einem eigens zu diesem Zweck gebauten Schiff, der „Fram", in die Arktis. Er ließ sich mit Überlegung vom Packeis einschließen, weil er wünschte, das Eis möge ihn zum Pol treiben. Monatelang trieb das von Eis umgebene Schiff langsam gen Norden. Nansen beobachtete geduldig seinen Kompaß, notierte, was er sah, und hoffte. Es war eine endlos lange, harte Geduldsprobe. Das Jahr 1895 kam, und Nansen mußte feststellen, daß er so

Nansen ließ sich mit seinem Schiff, der „Fram", vom Eis einschließen, um die Drift des Polareises zu beweisen.

nicht zum Pol gelangte.

Sein Abenteuergeist konnte das nicht hinnehmen. Nansen und Hjalmar Johansen, einer aus seiner Mannschaft, verließen am 14. 3. 1895 ihre Kameraden, spannten Hunde vor einen beladenen Schlitten, und auf Skiern machten sie sich auf zum Nordpol. Sie mußten aufgeben, bevor sie ihn erreichten, aber sie waren weiter nach Norden gekommen als irgendein anderer – bis auf 480 km vom Pol. Es wurde wieder Winter. Sie aßen Walfleisch und wärmten sich an einer Tranlampe. Im Mai 1896 machten sie sich auf den beschwerlichen Weg nach Süden. Durch einen der größten Zufälle in der Forschungsgeschichte stießen sie auf die englische Expedition, die von Frederick Jackson geführt wurde. Jackson brachte sie im August 1896 nach Norwegen zurück, und nur wenige Tage später lief die Fram in guter Verfassung in den heimatlichen Hafen ein.

Obgleich Nansen nicht den Pol erreichte, wurde er mit Recht als Held gefeiert. Seine Auffassung von der Drift des Polareises hatte sich bestätigt, und er brachte manche neue Meßergebnisse über die Meerestiefen nahe am Pol und anderes Wissenswerte mit zurück. Die Erforschung der Arktis war um einen Schritt weitergekommen.

Wer erreichte als erster den Nordpol?

Der erste, der wirklich den Nordpol erreichte, war ein Amerikaner, Robert E. Peary. Seit mehr als zwanzig Jahren hatte er das nördliche Polargebiet erforscht. Sein erstrebtes Ziel aber war der Nordpol – alles andere, auch wissenschaftliche Erkenntnisse, waren für ihn zweitrangig: Er wollte zum Pol, zu diesem schwer erreichbaren Ort, wohin trotz vieler Ver-

suche noch kein Mensch gelangt war. Peary war ein Organisator. Er plante seine Polexpedition wie ein militärisches Unternehmen. Alle Fachleute hielten seinen Plan anfangs für tollkühn. Nachdem Peary den Norden sein halbes Leben lang studiert hatte, beschloß er nämlich, die Reise zum Pol im Winter zu wagen! Er hielt diese Jahreszeit für günstiger, weil das Eis dann fester und gleichmäßiger mit Schnee bedeckt war. Als Begleiter wählte er Eskimos. Er teilte sie mit den Hundeschlitten in mehrere Gruppen ein. Diese Gruppen waren als Voraustrupps bestimmt, die das Gepäck mitführten und den Weg markierten, damit die letzte Gruppe so frisch wie möglich bleiben konnte. In Abständen wurden Schutzhütten errichtet, die den Rückweg erleichtern sollten; sie enthielten Nahrungsmittel und andere Notwendigkeiten. Peary nahm auch seine Frau mit auf die Reise!

Im Juli 1908 segelte er nach Ellesmereland; das ist eine große Insel westlich von Grönland, eine der nördlichsten Landmassen in Polnähe. Auf der Nordspitze der Insel wurde ein Lager errichtet; dort erwarteten sie den Winter. An einem Februartag brach die erste Gruppe auf in unbekanntes Gebiet. Tags darauf folgten ihnen vier weitere Gruppen. Dann brach Peary auf, begleitet von Matthew Henson, einem Neger, und vier Eskimos.

Langsam arbeiteten sich die Gruppen nordwärts, errichteten Vorratslager und bereiteten für die Nachkommenden den Weg.

Am 1. April war ihre Arbeit getan, und Pearys Gruppe zog allein weiter. Fünf Tage später, am 6. April 1909, machte

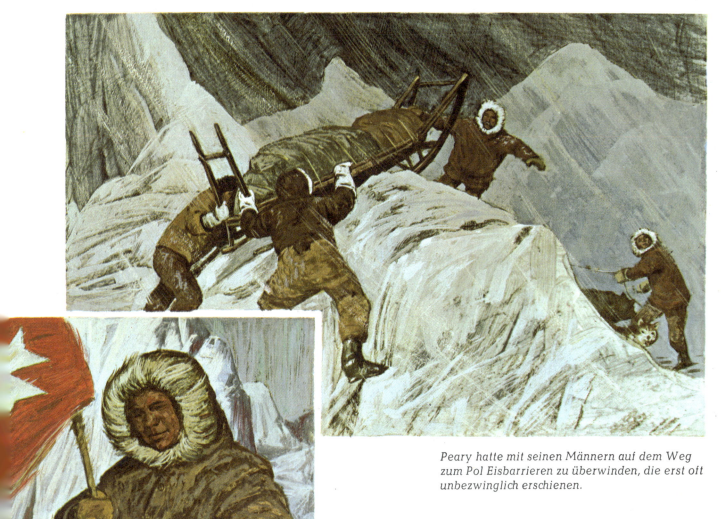

Peary hatte mit seinen Männern auf dem Weg zum Pol Eisbarrieren zu überwinden, die erst oft unbezwinglich erschienen.

Endlich ist der Pol erreicht! Peary hat es mit seinen Begleitern geschafft.

Peary halt, um Messungen anzustellen. Er wollte sich vergewissern, ob er sich schon genau am Pol befand. Nein, noch hatte er ihn nicht erreicht. Fast fünf Kilometer waren noch zu bewältigen. Die erschöpfte Gruppe kämpfte sich weiter – und dann waren sie am Ziel! Pearys Messungen zeigten an: 90 Grad nördlich! Von diesem Punkt aus ging es in jeder Richtung nach Süden. Sie hatten es geschafft — sie waren am Nordpol.

GEN SÜDEN

Drei Länder beanspruchen den Ruhm, Antarktika entdeckt zu haben:

Wer entdeckte Antarktika?

England, die Vereinigten Staaten von Amerika und Rußland.

Um die Mitte des 18. Jahrhunderts segelte der englische Kapitän James Cook in das südliche Eismeer. Er hatte den Auftrag, herauszufinden, ob es am südlichsten Ende der Erde einen Kontinent gab. Nach einem alten Glauben sollte es im fernen Süden riesige Landmassen geben, die die großen nördlichen Kontinente ausbalancierten. Englische Wissenschaftler wollten dafür den Beweis — oder den Gegenbeweis — erbringen.

Als Cook als erster mit seinem Schiff den südlichen Polarkreis kreuzte, war er bald von dickem Nebel und Packeis umgeben. Er konnte keinen Schritt weiter nach Süden. Der erfahrene Seemann ließ beidrehen und versuchte eine andere Route. An drei verschiedenen Stellen überquerte er den südlichen Polarkreis, aber er kam nie so weit, daß er das Festland sehen konnte.

James Cook kehrte nach England zurück. Aus seinen Berichten wurde geschlossen, daß weitere Forschungsreisen über den südlichen Polarkreis hinaus unmöglich seien. Aber sein Bericht sprach auch von vielen Walen und Robben im südlichen Ozean.

Wale waren äußerst begehrt, und bald kreuzten die Walfangflotten vieler Länder in den südlichen Meeren und jagten ihre Beute. Sie brachten reiche Ergebnisse. Aber keines dieser Schiffe kam näher an den eisigen Kontinent, den der dicke Nebel verbarg.

Im Jahre 1820 erreichten die Schiffe dreier Nationen innerhalb weniger Tage das gleiche Gebiet. Es waren ein englisches Walfangschiff, ein amerikanischer Robbenfänger und eine russische Forschungsexpedition.

William Smith sichtete vom englischen Walfangschiff aus die Eisklippen des Kontinents. Nathaniel Palmer, der Kapitän des amerikanischen Robbenfängers, sah die lange, schmale Halbinsel, die jetzt seinen Namen trägt. Fabian von Bellingshausen, der Kommandant der russischen Expedition, umsegelte tatsächlich den ganzen Kontinent, entdeckte Buchten und Inseln und zeichnete eine Karte von der Küstenlinie Antarktikas.

Niemand weiß, wer von diesen drei Männern Antarktika wirklich zuerst erblickt hat.

Nachdem nun Antarktika auf den Karten verzeichnet war, machen sich viele Forscher auf, um zu versuchen, so viel wie möglich über dies neue Land herauszufinden.

Die Erforschung Antarktikas

Im Jahre 1823 segelte James Weddell, ein englischer Seefahrer, in das Meer, das jetzt seinen Namen trägt, und erreichte einen neuen südlichsten Punkt. Die französische Regierung sandte Dumont d'Urville im Jahre 1838 aus und noch einmal 1840. Er benannte einen

42

Die Mannschaft verläßt Shackletons Schiff, die „Endurance". Das Schiff wurde immer mehr vom Eis zerdrückt und versank schließlich im eisigen Weddell-Meer.

Küstenstreifen Antarktikas nach seiner Frau Adelie. Etwa um die gleiche Zeit erforschte eine amerikanische Gruppe, von Lt. Charles Wilkes geführt, ein Küstengebiet von 2500 km Länge. Es war eine unheilvolle Reise; viele Männer erkrankten, andere desertierten. Wilkes war der erste, der feststellte, daß sich unter der Eisdecke Antarktikas wirklich Land befand.

Im Jahre 1839 schickte die englische Regierung Sir James Clark Ross hinunter, der sich schon durch seine Forschungen in der nördlichen Arktis einen Namen gemacht hatte. Ross war drei Jahre unterwegs; er umsegelte die antarktische Küste und zeichnete Karten vom Kontinent. Er entdeckte das Ross-Meer, das Ross-Schelfeis, Viktoria-Land und zwei Berge, Erebus und Terror. Mount Erebus war ein rauchender Vulkan mitten im Eis!

Infolge der vielen Forschungsreisen der verschiedenen Nationen ist Antarktika heute wie ein Kuchen in viele Stücke aufgeteilt; Norwegen, Großbritannien, Frankreich, Australien, Chile, Neu-Seeland, Argentinien, Rußland und die Vereinigten Staaten von Amerika beanspruchen je einen Teil. Die vielfache Nationalität Antarktikas zeigt sich in den sprachlich verschiedenen Bezeichnungen der Kontinentteile.

Die ersten Vorstöße zum Südpol

Dann gab es ein förmliches Wettrennen zum Südpol. Im Norden hatte der Amerikaner Peary gesiegt. Nun wetteiferten die Engländer und die Norweger miteinander, wer als erster den Südpol erreichen würde.

Die englische Kriegsmarine bestimmte Sir Robert Falcon Scott zum Leiter einer Expedition; 1902 machte er seinen ersten Treck über das eisbedeckte Land. Nach fünfundneunzig Tagen, noch mehr als 700 Kilometer vom Pol entfernt, mußte Scott umkehren.

Einer von Scotts Begleitern war Sir Ernest Shackleton, ein erfahrener Forscher. Im Jahre 1909 machte er mit einer eigenen Expedition einen neuen Versuch. Er schickte Vorbereitungskolonnen aus, die den Weg bezeichneten und Vorratslager für die eigentliche Forschungsgruppe anlegten. Das Wetter war grauenhaft. Unaufhörlich peitschten Schneestürme, und die Temperatur fiel und fiel, aber Shackleton

Endlich am Südpol, findet Scott dort mit seinen Begleitern Amundsens Zelt mit der norwegischen Flagge. Die Karte (links) zeigt Amundsens und Scotts Routen bei ihrem „Wettlauf" zum Pol.

marschierte weiter. Er mußte sich an einen bestimmten Zeitplan halten, sonst würde die Nahrung nicht mehr für den Rückweg reichen. Shackleton und seine Männer gelangten bis auf einhundertachtzig Kilometer an den Pol — weiter wagten sie nicht zu gehen. Mühsam kämpften sie sich zurück, vom Hungertod bedroht. Mit knapper Not schafften sie es. Diesen 2700-Kilometer-Marsch durchzuhalten, war eine Heldentat.

Der tragische Wettlauf zum Südpol

Zwei Jahre später begann dann das große tragische Wettrennen zum Südpol, das die ganze Welt bewegte. Der Norweger Roald Amundsen, der schon viele erfolgreiche Forschungsreisen in die Arktis gemacht hatte, wollte eben zum Nordpol aufbrechen, als ihn die Kunde von Pearys

Während Amundsen seine Schlitten mit Polarhunden bespannte, nahm Scott sibirische Ponys; diese vertrugen jedoch nicht die Kälte und starben bald. 350 km mußten Scott und seine Männer ihre Schlitten selbst ziehen und verausgabten sich damit vollständig.

An der Stelle, wo die Suchgruppe Scotts Leichnam, Fotografien und Aufzeichnungen fand, errichteten sie diesen Grabhügel.

Triumph erreichte. Amundsen zögerte nicht lange. Einer der Pole war erobert, aber der andere wartete noch auf seinen Bezwinger.

Amundsen hatte sein Unternehmen sehr sorgfältig geplant. Seine Ausrüstung bestand aus Schlitten, Skiern und — als Wichtigstes — zweiundfünfzig Eskimohunden. Sein Vorstoß zum Südpol begann im Oktober 1911. Alles ging glatt. Die Hunde kamen mühelos voran; die Männer konnten auf den Schlitten fahren oder ließen sich auf Skiern mitziehen. Tag für Tag gelangte die Expedition weiter nach Süden. Am 14. Dezember 1911 stellte Amundsen sorgfältige Beobachtungen und Messungen an; dann sagte er ruhig zu seinen Männern, daß sie sich 90 Grad südlich befänden — sie waren am Südpol! Von hier führte jede Richtung nach Norden.

Robert Scott war im Januar 1911 zur Antarktis zurückgekehrt, um einen zweiten Versuch zu machen, den Pol zu bezwingen. Er traf langwierige Vorbereitungen. Doch immer wieder wurden einige seiner Männer krank, und er mußte den Aufbruch mehrere Male verschieben. Dann bekam er die Nachricht, der Norweger Amundsen sei zum Pol unterwegs. Scott wußte, er durfte nicht länger warten. Und der Wettlauf begann!

Wenige Wochen nach Amundsen brach Scott auf. Beide hatten ihr Hauptlager am Ross-Meer, aber an entgegengesetzten Seiten.

Scott kam nicht so rasch voran wie Amundsen. Er glaubte nicht an die Brauchbarkeit von Schlittenhunden, sondern verließ sich auf sibirische Ponys, die während der ersten Hälfte der Strecke die beladenen Schlitten ziehen sollten; die zweite Hälfte wollten die Männer mit eigener Kraft bewältigen.

Scotts Expedition war von Anfang an vom Unglück verfolgt. Als seine Träger erschöpft ins Hauptlager zurückkehrten, marschierte er mit vier Begleitern verbissen weiter. Mühsam schleppten sie sich voran, jeden Tag mehr geschwächt von der Anstrengung, ihre Schlitten selber zu ziehen. Dreißig Kilometer vor dem Pol fanden sie Spuren von Schlitten und Hundepfoten im Schnee. Erregt und mit äußerster Anspannung hasteten sie vorwärts. Eine furchtbare Entdeckung stand ihnen bevor — Amundsens Zelt mit der im Wind flatternden norwegischen Flagge.

Drinnen im Zelt fand Scott ein Schreiben von Amundsen, in dem er den Finder bat, den norwegischen König zu benachrichtigen und das Zelt und alles, was darin war, auch den Schlitten draußen, nach Belieben zu benutzen. Geschlagen machte sich Scott auf den Rückweg.

Scott führte unterwegs Tagebuch. Sein letztes Kapitel ist tragisch. Der Rückmarsch glich einem Alptraum. Sie hatten nicht genug zu essen. Schneestürme machten das Vorwärtskommen fast unmöglich, und Krankheiten und Erfrierungen ließen sie beinahe verzweifeln. Am 17. Februar starb Evans, einst der Kräftigste unter ihnen; er wurde im Schnee begraben. Bald zeigte sich, daß die Nahrung nicht für alle reichen konnte. Oats, der wußte, welche Last er mit seinen erfrorenen Beinen für die anderen bedeutete, verließ allein das Zelt und suchte heldenhaft im Schneesturm den sicheren Tod, um den drei Gefährten nicht die Chance ihrer Rückkehr zu nehmen.

Am 21. März konnten jedoch auch die letzten drei Männer keinen Schritt mehr weiter. Sie blieben im Zelt und erwarteten ihren Tod. Scotts letzte Eintragung in sein Tagebuch stammt vom 29. März 1912. Am 12. November fand eine Suchexpedition der englischen Regierung das Zelt und die Leichen der tapferen Männer. Das Tagebuch erzählte alle traurigen Einzelheiten des unglücklichen Unternehmens. Die Entdeckung des Südpols war zugleich ein Triumph und eine Tragödie.

Polarforschung heute und morgen

Mit dem Erreichen der Pole war die Forschung in der Arktis und Antarktis nicht beendet. Weiterhin durchzogen Männer die Eiszonen, einige aus der Lust an Gefahren, andere, um wissenschaftliche Erkenntnisse zu gewinnen. Expeditionen aus vielen Ländern fuhren nach Norden und Süden, erprobten neue Ausrüstungen und entwickelten neue Techniken.

Richard E. Byrd, ein amerikanischer Marineoffizier, unternahm insgesamt sieben Polarreisen, zwei in den Norden und fünf in den Süden. Mit seinem Piloten Floyd Bennett startete er 1926 von Spitzbergen, überflog als erster den Nordpol und kehrte unver-

Admiral Byrds Beitrag zur Polarforschung

46

sehrt zurück. In jenen Anfangstagen der Luftfahrt war das eine große Tat.
Zwei Jahre später richtete Admiral Byrd seinen Unternehmungsgeist auf Antarktika. Er errichtete ein Hauptlager, das er „Klein-Amerika" nannte. Mit dem Flugzeug brachte er Tonnen von Lebensmitteln und Ausrüstungsgegenstände dorthin und richtete sich ein, jahrelang mit seinen Mitarbeitern dort zu leben und zu forschen. Vom Flugzeug aus fotografierte und kartierte er viele tausend Kilometer Gelände. Mit seinem wissenschaftlichen Team gewann er zahllose wertvolle Kenntnisse über das antarktische Gebiet. Viel von dem, was nach dem zweiten Weltkrieg in den Polargebieten unternommen wurde, beruht auf der Vorarbeit Admiral Byrds.

Sofort nach dem zweiten Weltkrieg errichteten etliche Nationen Forschungsstätten in der Arktis und in der Antarktis. Ihren Höhepunkt erreichten diese Unternehmungen im Internationalen Geophysikalischen Jahr. das 1957 begann. 56 Nationen veranstalteten gemeinsam dies größte Forschungsunternehmen (abgekürzt IGJ), bei dem die Beobachtungen sämtlicher Länder zusammengetragen werden. Zwölf Nationen hatten bereits in Antarktika Stationen errichtet. Während des Geophysikalischen Jahres erregten zwei Forschungsunternehmen riesiges Aufsehen.

Was ist das Internationale Geophysikalische Jahr?

Eine englische Expedition, geführt von Sir Vivian Fuchs und Sir Edmund Hillary, überqueren vollständig den antarktischen Kontinent, wobei sie den Südpol passierten. Sie brauchten fünfundneunzig Tage und legten 3460 Kilometer zurück. Natürlich kämpfte sich die Gruppe nicht mehr mit Hundeschlitten über das Eis. Sie benutzten die neuesten polaren Transportmittel, Motorfahrzeuge mit geheizten Kabinen, die auf breiten Raupenketten fuhren. Diese Raupenfahrzeuge können über Risse im Eis und über schlüpfrige Hänge fahren. Aber selbst mit diesen modernsten Hilfsmitteln gab es noch gefährliche Zwischenfälle. Die vollständige Überquerung Antarktikas wurde als beachtliche Leistung moderner Forschung gewürdigt.

Das zweite aufsehenerregende Ereignis war die Fahrt des amerikanischen Unterseebootes „Nautilus", das am

Am 17. März 1959 tauchte die „Skate" genau am Nordpol auf.

Flugzeuge, Traktoren und Motorschlitten werden in der heutigen Polarforschung anstelle der Hundegespanne verwendet.

3. August 1958 unter dem Eis des Arktischen Ozeans den Nordpol überquerte. Im März des folgenden Jahres übertraf das U-Boot „Skate" noch die „Nautilus"; genau am Nordpol durchbrach sie das Eis und tauchte auf. So wurde sie das erste Schiff am Pol und erfüllte Nansens Traum — den Nordpol per Schiff zu erreichen.

Was wird heute in den Polargebieten erforscht?

In beiden Polargebieten werden die wissenschaftlichen Untersuchungen weiter vorangetrieben. In festen Stationen arbeiten regelmäßig einander ablösende Wissenschaftler. In Antarktika gibt es sogar ein Atomkraftwerk; Hubschrauber surren über dem Eis, und alle möglichen Kraftfahrzeuge fahren durch den Schnee.
Die Polargebiete werden auch zu Studien in Hinsicht auf künftige Weltraumforschung benutzt, weil die Luft dort — wie auch im Hochgebirge — besonders dünn und klar ist. Während die Russen solche Forschungen vor allem auf der Pamir-Hochebene — dem „Dach der Welt" — betreiben, sind amerikanische Wissenschaftler in beiden Polargebieten an der Arbeit, so viel wie möglich über unseren Erdball und sein Verhältnis zu den anderen Planeten unseres Sonnensystems festzustellen. In Antarktika prüfen alle beteiligten Länder eifrig die Möglichkeit, die reichen Bodenschätze zu heben. Und die an den Polen gewonnenen Erkenntnisse können auch dazu führen, daß die Menschheit eines Tages fähig ist, eine mögliche neue Eiszeit zu überstehen.
Während Satelliten durch den rätselhaften dunklen Weltraum rasen, werden im Lichte der Wissenschaft die Geheimnisse der einst so unerreichbaren Enden der Erde mehr und mehr enthüllt.

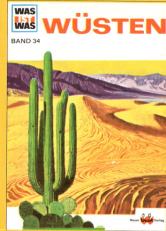

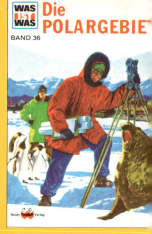

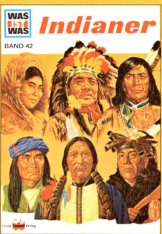
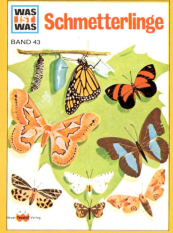

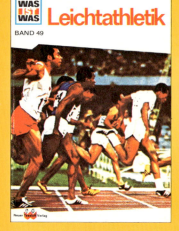
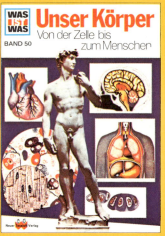

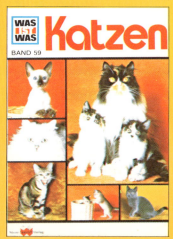